# 定年ですよ

## 退職前に読んでおきたいマネー教本

日経ヴェリタス編集部

集英社文庫

# 定年ですよ

退職前に読んでおきたいマネー教本

## もくじ

### ①準備編



### ②年金編

## ③定年世代のお金事情編

## ④税金と運用編



## 編

## ⑤その他もろもろ

# おもな登場人物

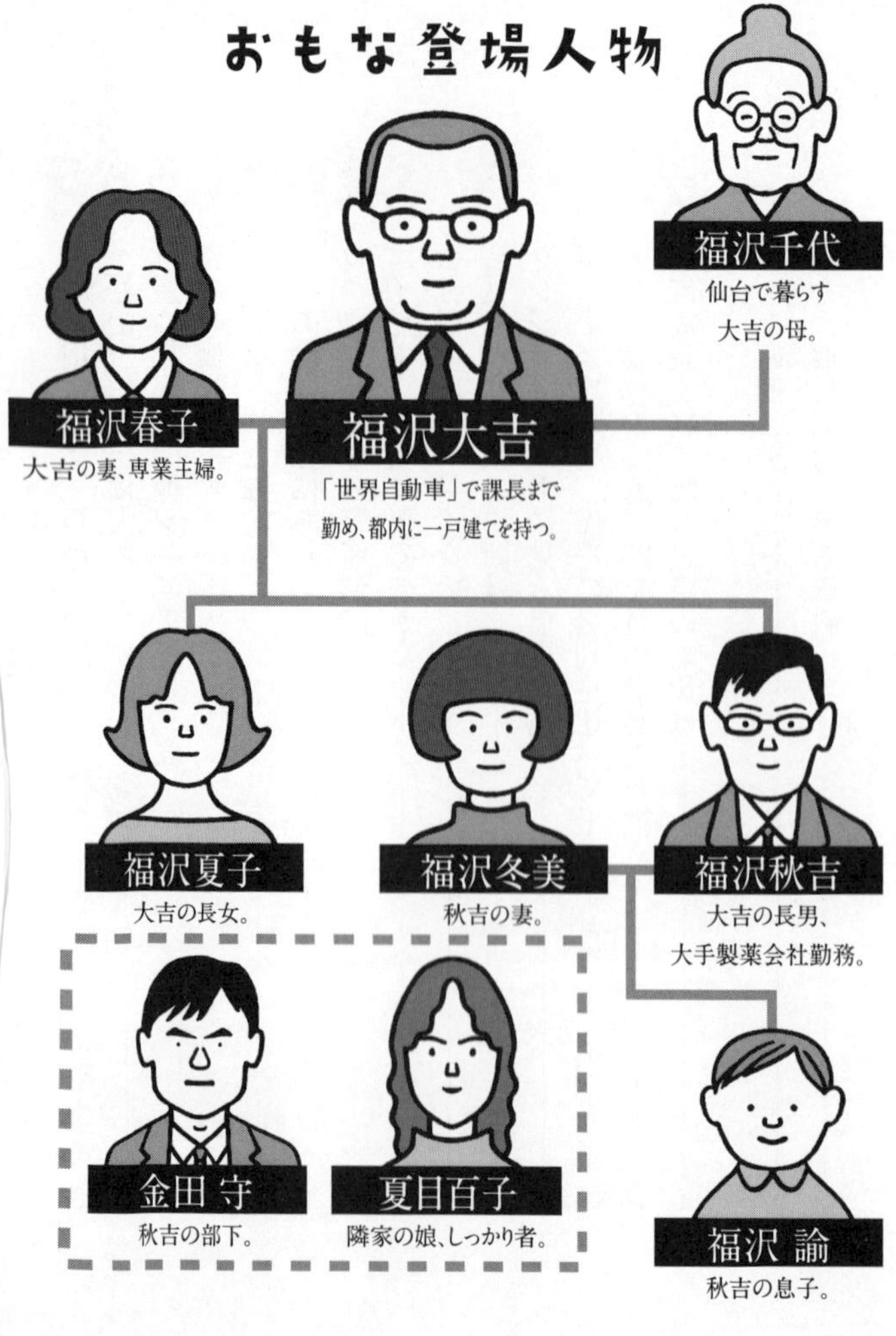
福沢千代
仙台で暮らす
大吉の母。
福沢春子
大吉の妻、専業主婦。
福沢大吉
「世界自動車」で課長まで
勤め、都内に一戸建てを持つ。
福沢夏子
大吉の長女。
福沢冬美
秋吉の妻。
福沢秋吉
大吉の長男、
大手製薬会社勤務。
金田 守
秋吉の部下。
夏目百子
隣家の娘、しっかり者。
福沢 諭
秋吉の息子。

# ①準備編

# オレの老後、3500万円あっても破産!?

定年を迎える。三十数年前、入社した時からわかっていたことだ。役職定年もすでに経験済みなのに、この生活が変わるという実感がなかった。しかし、一通の手紙をきっかけにして、自分にも確実に定年が迫っていることを思い知らされた。

２００９年の5月。59歳の誕生日を迎えたばかりの朝、都内の自動車メーカー「世界自動車」に勤める福沢大吉《ふくざわだいきち》は食卓の朝刊と水色の封筒に目を留めた。差出人は社会保険庁。

「おい、これなんだ?」

大吉は妻の春子《はるこ》に尋ねた。大吉は気になることがすぐに解決されないと気がすまない。

「なんのこと?」

春子は興味のないことには実に素っ気ない。普段は口うるさいくせに。

中身を開けてみると、基礎年金番号や生年月日、年金加入履歴や厚生年金のすべての期間の月ごとの標準報酬月額・賞与額、保険料納付額などが記載してある。過去にいろいろな記載漏れや改ざんなどの問題があった年金情報を改めてしっかり管理し、加入者にもきちんとお知らせするという「ねんきん定期便」だ。まずは水色の封筒でほっとひと息。問題がある場合はオレンジ色の封筒でやってくるという。そして……、

「ええっ」

このまま世界自動車の厚生年金に加入していた場合の将来の年金見込金額に大吉の目が点になる。現役と年金生活はやはり大きく違うという現実を目の当たりにする大吉。「株式会社　世界自動車、資格取得年月日昭和48・4・1、加入月数……」。世界自動車一筋だった大吉の加入履歴はたった一行。いろいろあった会社人生だが、記録すればたったこれだけか。でも、年金の計算の元になる標準月額報酬の上昇が、大吉が一つひとつ上ってきた階段を示しているように見え、なんだかいとおしい。知らせに見入っている大吉の後ろから、春子がのぞき込んできた。

「ねえ、夏目《なつめ》さんのところの百子《ももこ》ちゃんに聞いてみましょうよ」

隣に住む夏目家の専業主婦、万由子《まゆこ》は春子の仲の良い友達で、金融機関を退職

した夫、千石《せんごく》との間に一人娘の百子がいる。百子は外資系の金融会社に勤め、社会保険労務士の資格も持つ。

「福沢さん、転職のご経験は?」

「学生時代にお仕事してませんでした?」

百子がてきぱきとたずねた。

「失業や休職で未加入期間があると、年金が受け取れない場合もあるんですよ」

「学生時代はアルバイトで家庭教師や引っ越しの手伝い、あとは電話交換のオペレーターを週に4日はやったよ」

と大吉。すかさず百子が電話会社の名前を手帳に控えた。

「これは厚生年金に入っていた可能性、ありますよ」

アルバイトでも大手企業だと厚生年金の加入手続きをちゃんととってくれていることがあるのだという。

「たかがバイトで?」と驚く大吉を尻目に、

「知らなくて取りはぐれている人、多いんですよ」

と百子。後日、調べてもらうと確かに記録が出てきたのだ。記録は最初から自分でさかのぼる必要がある。

「何でも部下任せではだめですよ」

百子は腕も立つが口も立つ。

いい機会だと、大吉は春子と老後の資金について改めて考えた。まずは年金。老齢基礎年金と厚生年金をあわせた公的な年金は、ざっと年間200万円くらい。

「いわば年収200万円、だろう？　今の生活から考えると実に心もとないよな」

「そうねえ。でも世の中からみればいいほうだそうよ、これでも」

大吉の言葉に春子が仕方ないという風に応じる。自分の株運用について百子と話をするうちに、春子もおカネの運用などに興味を持ち始めたようだ。

そもそも老後の資産はどのくらいあるのだろうか。福沢家の場合、東京郊外の一戸建てはすでにローンを支払い済み。だが貯金はあまりないと春子は常々こぼしている。大吉が会社の労務部に問い合わせてみると、大吉の退職金はおよそ3000万円という。現預金や少々の株などとあわせて3500万円弱。退職金の一部は年金にするし、大吉は会社の再雇用制度を使ってまだあと5年は働くつもり。厚生年金は少なくても、上乗せの余地はある。

「生活はなんとかなるさ。定年記念に、二人で豪華客船『飛鳥Ⅱ』での世界一周、行くか。お互い、頑張ったもんな」

大吉はすでに大船に乗った気分だった。照れつつも精いっぱい春子への感謝の気持ちを示したつもりだった。

「あなた……」

春子もほおを紅潮させている。やっぱりうれしいんだな、大吉が妻の心を推察していると、春子は、

「飛鳥なんて本気で思ってるの？」

目をつり上げ、突然言葉をとがらせた。女心は三十数年たってもわからない。

だが次の言葉に大吉はもっと驚いた。

「百子さんに言われたわ。このままだとウチ、破産よ、破産！」

ええっ、家もあるし、３５００万円も手にするのに、破産？　なぜだ……。

※「ねんきん特別便」対応のため「年金加入記録のお知らせ」は２００７年11月で終了。09年4月から年金加入者全員が毎年誕生月に「ねんきん定期便」を受け取るようになった。

# 心 1 得

## 公的年金とりはぐれないように

もしも資格取得年月日と資格喪失年月日などの記載もれや間違いに気づいたら、年金加入記録回答票を返送する。疑問があれば「ねんきん定期便専用ダイヤル」0570-058-555（ナビダイヤル）で聞いてみよう。

## 隣の人の老後資金は？

2008年の厚生労働省の就労条件総合調査によると、大卒社員（勤続年数35年以上）の退職金は平均約2350万円。野村総合研究所によれば１部上場企業の場合、定年時に住宅ローンを完済している人が多く、退職金が老後資金になるという人が多いようだ。

# 3000万円、年2～3%の運用が目標

破産ってどういうことだ。３５００万円でも足りないのか？

福沢大吉は「ねんきん定期便」を手に、老後資金を考え始めた。「世界自動車は企業年金が厚いから、勤め上げれば大丈夫」と先輩諸氏が言っていたから、てっきり安泰だと思っていた。だが定年を機に豪華旅行でもと妻の春子を誘ったら、とんでもないとしかられたのだ。

「そもそも我が家は、ぜいたくだという自覚が必要なの」

春子は鬼の首をとったかのように言った。

「百子さんに言われて私、計算してみたの」

春子が出してきた一枚の紙。食費に光熱費、電話代、水道代などが並ぶ。およそ20万円。問題は外食や付き合いに飲み代、そして「不明」という項目だ。

「家計簿はどうした。それにウチのどこがぜいたくなんだ」

大吉も負けじと言い返す。必ず「ぐるめしナビ」でクーポン券をチェックし、

居酒屋で飲んでいる。家計は春子に任せたはずなのに、今さらなんだ。さすがにひるみながら春子が言う。

「通年で帳尻が合えばいいというどんぶり勘定だったのは悪かったわ」

百子に紹介され、遅ればせながら家計相談を二人で受けてみた。指摘されたのは、例えば週末に娘の夏子《なつこ》と三人でよく行く近所の寿司屋。おいしくて割安と近所でも評判の店だ。

「いくら割安でも一人８０００円、一回で2万４０００円でしょ。そういう積み重ねが破産につながるんですって」

と春子はため息をついた。

一度目の相談から数週間後、またもや百子に来てもらった。

「うちも同じです。銀座の高級店ではないけど、回転寿司に比べたら高い。この〝当たり前〟の水準の高さが〝ぜいたく〟の中身ですよ」

中には月の支出が60万円、70万円でもぜいたくはしていないと言い張る人もいるという。退職して収入が変わっても生活を変えられない。最大の敵は自分自身ということらしい。

「福沢さん、ちょっと落ち着きましょう。まず数字を積み重ねましょう」

と百子。いかに現実から目を背けてきたか。大吉も春子もその時、真剣に支出を書き出してみた。

「なんだ、このバッグ8万円は。また買ったのか」

「同窓会があったんだもの。あなただってゴルフ代6万円って」

大吉も春子も互いの支出には手厳しい。要するにこういうことなのだ。百子があわてて割って入った。

「年収600万円で貯金がほとんどないということは、それだけ使い切る生活が福沢家の〝普通〟になってしまっているということです」

百子の指摘に大吉はグウの音も出ない。

「じゃあ一体、老後はいくらあれば安泰なんだ」

大吉が貧乏揺すりを始める。いらだったときの彼の癖だ。要介護状態になったら一体いくらかかるのか、最期をどこで迎えるのか、そして自分がいくつまで生きるのか。病気治療に入院、介護などの費用……。考え始めたら漠たる不安は膨らむ一方だが、思考は途端に止まってしまう。カネがかかりそうだというのはわかるが、その費用の目安がないからだ。無理を承知でざっくりとした数字を百子に聞いた。

「住まいが都市部か地方か、どんな生活を望むかで本当にまちまちですが」

と前置きしつつ、

「家があって金融資産が3000万円あれば基本的には大丈夫」

とのご託宣。大吉、春子ともようやく肩から力が抜ける。

「ただし老後資金を年2～3%で運用するのが前提です」

そういえば退職した友人は再雇用で第二の職場で働きながら、60歳を超えた今も個人年金や簡易保険の積み立てをしている。利子から源泉徴収されない分、貯蓄よりお得なのだと言っていた。運用するなら元手は多い方がいいに決まっている。

「ご褒美はまだ先。運用して増やしてから、どんといこう」

と大吉。

「そう、これからがためどき。減るのはあっという間ですからね」

と百子。耳が痛いが、言う通りだろう。

「年に2～3%の運用というけれど、このご時世ではそれも大変だ」

弱気な大吉に、百子が請け合う。

「だからしっかり考えなくっちゃ」

手堅く運用せねばならない老後資金なのだから、その大半は国債や大口定期を選ぶ。国債はおよそ年1%の利回りと考え、一部を日経平均株価に連動した株式投信や外債などの大きな市場の商品で運用し、2%を確保したいという。

3000万円を取り分けて最後に残ったものを大吉が指さす。

「この1000万円は？」

「自由に投資できるお金。〝遊び〟です」

と百子。長期投資が中心になるために飽きてしまうのを恐れ、万が一失っても大丈夫と割り切れるおカネでリスクをとった運用を考える。ただ、株式の信用取引など損失が1000万円にとどまらず老後資金を脅かすものは禁物だとクギを刺された。そして、

「退職金で年金の上乗せをして毎月の生活費を十分に満たしたうえでの話」

と、百子にくどいほどクギを刺された。

「定年後の沙汰《さた》もカネ次第、か」

少し寂しい気もするが、それが現実。今しばらくは元手を増やすために働こうと気を取り直す大吉だった。

# 心 2 得

## 最大の敵は自分自身

### ▶自分の生活レベルを正しく把握、守る運用を考える

老後にいくら必要か。必要額を算出するとき、夫婦ふたりで１億円、などと言われたりする。だが「収入が多い人は支出も多い」。ファイナンシャルプランナーの紀平正幸氏は、老後は安泰だと言い切れる資産額は明示できないという。まずは家計簿をつけ、自分の生活を把握する。そして年金額などを考えて、必要額の概算をつかもう。

20代の若年層が貯蓄に励むという昨今。一見、堅実そうだが、財産を預貯金で固めるというのも実はリスク。かといって投資初心者が勉強もせずに大切な老後資金を個別銘柄に投資するのは、危険。年率２～３％での運用を目指すなら、TOPIX（東京証券取引所株価指数）連動の上場投資信託（ETF）や外債などを使うこと。そして万が一減った場合でも耐えられるように、リスクをとる資金と、国債や預貯金の割合をよく考える。

# 高年齢雇用ナントカ給付金がもらえる?

老後資金の元手は多いにこしたことはない。福沢大吉は退職金と年金で暮らす生活を、やっと現実のものとして受け止め始めた。

「60歳で引退はないわよね。今はみんな再雇用で仕事するもの。ね?」

妻の春子が、朝食の後片づけをしながら牽制してくる。大吉はぼそりと……

「働くつもりだよ。みんなが働かなければいけないと決まっているわけじゃないけどな」そんなにオレが家にいると邪魔なのか。

世界自動車にも、退職から年金が全額受給できるようになるまでの空白を埋める再雇用制度がある。年俸を会社から提示され、1年ごとに契約する。年俸は勤務評価などで異なるようだ。

翌日、大吉は関連会社での勤務が決まった先輩を昼食に誘った。

「1年契約で、基本給プラス歩合給の営業だ。年収は今の5~6割かな。でも外回りはいいぞ」という先輩の笑顔には屈託がない。年収は３００万円くらいか……。


「再雇用なら年収、半分だってさ」

　帰宅した大吉がネクタイを緩めながら春子に言う。

「半分？　３００万円くらい？　確かその金額、微妙なラインだった気がする」

と、ファイナンシャルプランナー（ＦＰ）事務所で働く娘の夏子が顔を出す。

「微妙ってなんだ？」

「あんまり多いと損しちゃうこともあるから、お給料よりもやりたいことで考えた方がいいって百子さんが言ってた」

と夏子が言う。隣の夏目家の娘、百子は社会保険労務士の資格も持つ。賃金や給付金などの話では百子は頼りになる。

「確か、60歳以上の人で働いている人には給付金があるって。なんて言ったかなあ……。メールで聞いておいてあげるね」

　夏子が手帳にメモしている。

「ちょっと長い名前ですけど、それは高年齢雇用継続基本給付のことですね」

　土曜日に我が家に来てくれた百子が即答する。

「高年齢ナントカ、ってどういうもの？」

　大吉がたずねた。

「再雇用や再就職するとたいてい、お給料が下がるけど、いきなり半分になっては暮らせませんよね。年金が全部もらえるのは大吉さんの場合は65歳からだし。その落差を少しでも補うような格好で給付があるんです」

と百子が言う。ただし雇用保険から支給されるものなので、会社に勤めている60歳以上65歳未満の人で、雇用保険の加入期間が5年以上ないと受け取れないのだという。

「じゃあ、お父さんは再雇用されれば資格アリだわ。就職先を探さなくっちゃね」

と言う夏子に、百子があわてて付け足した。

「でも、お給料があまり下がらなかったらもらえないのよ」

百子によると決め手は低下率。60歳の時の月給を100%にした場合、60歳以降の新しい給料が75%未満なら給付金がもらえる。以前の68%なら新しい給料の7・5%、61%未満なら新しい給料の15%が支払われる。

「でも、もともとが高給だと給付金がでないこともあるの」

と百子。例えば100万円が60万円になれば元の60%に下がる。だが、元の給料はどんなに高くても44万6700円を上限として比較の基準にするから、新しい給料は基準を上回る格好で、給付金は出ない。ちなみに60歳の時の給料は60歳になる直前半年間の平均給与で、ボーナスは含まないという。

なんだかややこしい百子の説明に、大吉は一生懸命耳を傾ける。

「再就職や再雇用には、適用できる制度がいくつかあるのね」

と夏子も興味津々。

「自動的にもらえるのではなく、ちゃんと書類を用意するなど手続きが必要なんですよ」

百子の言葉に、大吉は大きくうなずきながら言った。

「今の給料と同じくらいとか8掛けとか減りが少ないと給付金がないんだね」

「目指せ、給付金無視の高給ヘッドハンティング」

と夏子が茶化す。しかし、30年以上も雇用保険料を払ってきたのに何も知らなかった。いかにおカネに無知だったか、会社人生の最終コーナーで気づかされる。

「しっかり制度や年金を考えておかないと。ほかにも制度があると百子さんは言っていたし」

ものぐさな大吉も退職を前にして決意した。お茶を運んできた夏子が軽口をたたく。

「早く目覚めていれば、もう少し出世したかもね」

どうやら夏子は春子に似たらしい。

# 心3得

## 年金の支給開始年齢　正確に知ろう

### ▶65歳までの段階的雇用延長を義務付け

　2006年に施行された改正高年齢者雇用安定法は企業が社員の雇用期間を段階的に65歳まで引き上げるよう義務づけている。厚生労働省は2010年度末をめどに、希望者全員が65歳まで働ける企業の割合を50%に引き上げる方針を決め、70歳まで働ける企業の割合は20%に引き上げたいとして後押しする。

### ▶年金は何歳からもらえるのか

厚生年金の支給開始年齢は、男性の昭和16年４月１日生まれ以前は60歳から全額だったが、昭和36年４月２日（女性は昭和41年４月２日）生まれ以降は65歳からになる。大吉のような団塊世代は60歳から報酬比例部分、65歳から定額部分を含む満額を支給されるが、昭和28年４月２日生まれ以降は、報酬比例部分の開始も順次引き上げられる。まずは正確な支給開始年齢を知る。

# 手取りに照準、分かれ目は「28万円」

「場合によってはなけなしの年金が減らされたり、なくなったりすることもあるんだね」

高年齢雇用継続基本給付金を知ったのを機に、再就職や再雇用に向けて勉強を始めた福沢大吉が夏目百子に言う。

「よく勉強されましたね、そうなんですよ」

百子が我が意を得たりとうなずく。

大吉が言っているのは、在職老齢年金の減額や全額支給停止のこと。ナントカ年金っていうのが、たくさん出てきて実にわかりにくい。大吉の場合は60歳から報酬比例部分と言われる部分年金がもらえる。

「でも定年後もお仕事をして厚生年金に入っていると、年金が減らされたり全額なくなったりしてしまうんです」

と百子。

「なかなかうまく収入は増やせないな」

と残念そうな大吉。

「一つ、28万円という数字を覚えておいてください」

と百子が言う。年金と給料の合計が28万円以下であれば、年金は全額もらえる。28万円を超えると、年金が減ったりなくなったりする。うーん、数字が出てくるとなんだかわけがわからない……。大吉の心の声が聞こえたかのように、百子が言う。

「このあたりのことは日本年金機構や旧社会保険庁のホームページの『老齢の年金を受けている方の届出・年金額について』に詳しく載っていますよ」

と助けてくれた。ちょっと難しい図がいくつも書いてある。でも前提がわかっていれば、なんとか自分の場合のシミュレーションもできそうだ。

「ああ面倒だなあ。しばらく年金はなくていいと割り切って給料のいい就職先を見つける方がよくない？」

と投げやりに尋ねる大吉に、百子が眉間にシワを寄せて言う。

「そうとも言い切れないのが難しいところです。うちの父に聞いてみます？」

百子の父、千石は電話口でまくしたてた。

「僕も自分の年金と給料しか見てなくてね。しまった、と思ったときは後の祭り」

と言うではないか。千石は、

「妻のこともみておかないと。年金にも、妻手当のようなものがあって、年金がなくなるとその手当ももらえなくなるんだ」

と言う。

年金に〝妻手当〟?

「年金に奥さんの手当みたいなのがあるの?」

受話器を手で押さえながら、大吉が百子に聞いた。

「それ、加給年金っていいます」

と百子。夫が一定の年齢に達したら、その後、妻が65歳になるまでの間、手当のようなものが出る。

「しかもそれ、毎年40万円くらいでさ、ばかにならないだろう?」

と千石。うんと年下の妻なら長い期間手当が出るのか。

「やっぱり、女房は若いのに限るなあ」

大吉のつぶやきに、

「やっぱりってなんですか。セクハラですよ、セクハラ! 気に留めるのは、年金の全額支給停止は避けるっていうところですよ」

百子が冷ややかな目で大吉をにらみつつたしなめる。

「では」

と百子が切り出した。

「福沢さん、例えば再雇用先のお給料が29万円と24万円だったとして、どちらを選びます？」

「そりゃあ29万円って言いたいけど、そう尋ねるってことは24万円の方がお得なの？」

と大吉。

「そういうケースもあるということ。年金や給付金などを加味して手取りで考えようということなんです」

と百子。えっ、本当にそんなことが？　けげんそうな大吉に百子が言う。

例えば60歳のときの給料が40万円で一部もらえる年金が月額10万円のとき。給付金や年金、社会保険料などを加味すると、再雇用先の給料が24万円の方が、29万円の場合よりも手取りで約4000円多い「逆転現象」が起きる。会社は給料を抑えられ、大吉の手取りはほとんど変わらない。

「もちろん個別に違うので、新しい勤め先の給料を決めるときに、経理の人に聞いて計算してもらうか、社労士の人が出している詳しい本を読んでみたらどうでしょう」

と百子。

いや、まったくもってフクザツ。でもポイントを押さえれば、よくわかっていなくてもうっかり損することは防げそう。

「失業給付はどうするの」

と知ったかぶって聞いた大吉に、

「お勧めしないなあ」

と百子は顔を曇らせた。ええっ、納めた雇用保険料を取り返すのだと寿退社した部下は息巻いていたけれど、オレは使えないの？

# 心 4 得

## 大企業では月給およそ34万円弱

厚生労働省の2009年賃金構造基本統計調査によると、大企業に勤める60〜64歳の賃金は男性が31万8800円、女性が23万2100円。中企業では男性が29万3000円、女性が20万3000円だった。

## 在職老齢年金の減額

　定年後、再雇用などで厚生年金に加入している場合、在職中は年金が減らされたり無くなったりするのが「在職老齢年金制度」。60代前半の場合は賞与込み月給と年金月額の合計が28万円になるまでは年金が全額支給される。28万円を超えると超過額の半額の年金が減額される。厚生年金に加入しなければ減額はないが、パートや嘱託でも勤務時間が一般社員の４分の３を超えたら厚生年金に加入しなくてはならない。

# 退職金、一番おトクなもらい方は

「会社を辞めたら失業保険をもらい、現役の時に払った雇用保険料を取り戻せ」

などと、よく耳にするではないか。確か月に20万円くらいもらえて非課税だと大吉は聞いたことがあった。このご時世、なんと有り難いことか。釣りざおを新調してのんびり沖釣りに、いやいや新緑を楽しみながら春子と温泉もいいかと、ちょっとしたお小遣いのあてにしていたのだ。

「あの、そもそも保険は積立預金じゃないんですけれど」

と夏目百子がクギを刺す。手当をもらうと、今まで37年間も加入していた雇用保険への加入期間がリセットされてしまう。今度は再就職しても、例の高年齢雇用継続基本給付金がもらえなくなるという。雇用保険に5年以上加入という給付条件に該当しなくなるからだ。失業保険をもらっている間は年金もない。

「それに」と夏子が口を挟む。

「ハローワークに行って月に一回面接があるのよ」

大吉の旗色は悪い。

「再就職先を確保しておいて、退職後少し休む間だけ手当をもらうのは……」

未練がましい大吉に、百子がぴしゃりと言った。

「残念ながら、ないでしょうね。もし不正がわかると罰金ですよ。火災保険と同じでもらう事態にならなくてよかったと思いましょうよ」

なんだか娘や娘と同年代の女性にたしなめられている自分が情けない。

大吉も今の時流に任せ、定年がゴールではなく、65歳まで働く人生設計を描くようになった。会社の「ライフプラン相談室」にも足を運び、次の人生を考える日々。

59歳の誕生日を半年ほど過ぎたある日、会社での「退職者セミナー」の日程が近づいてきた。55歳ごろからいくつか説明会にも出たが、今回は気合が違う。

「いよいよだなあ」

大ホールに向かうといくつもの知った顔に目がとまり、お互い声をかけあう。各自に配られたシートには個別の具体的な退職金や、もらえる公的な年金額、退職金の受け取り方などが記載されている。退職後の生活が、リアルな数字となって迫ってくる。

大吉の退職金は約3000万円。それをどう受け取るか。世界自動車の場合は、大きく三つのプランがある。一つは退職金のすべてを一括で受け取る。もう一つは一部を一時金にし、残りを厚生年金基金で受け取る。最後は全額を年金にするというもの。大吉の場合は自分の確定拠出年金（日本版４０１ｋ）もわずかだが上乗せされる。大吉の会社では年金には終身型と短期型とがあって選べる。

「終身といっても弊社では保証期間は20年です」

と会社の説明。期限が限られているところもあるのだそうだ。大吉はたいていの人が選ぶという「一部を一時金で、残りを終身年金で」というコースにした。大吉は勤続37年なので、１９９０万円までは退職所得控除で非課税で受け取れる。せっかくなら虎の子の退職金はできるだけ減らしたくない。「１９９０万円まで一時金」とシートに書き込む。

「ウチは住宅ローンがまだ残ってて」

「年金にすると、インフレリスクがあるよな」

休憩時間にいろいろな声が聞こえてくる。大吉は夏目千石に教えてもらったことを思い出す。

「将来の長い期間にわたるリスクを考えなければ」

と千石。インフレ、会社が提示する年金給付利率の引き下げに、倒産の可能性だってある。利率引き下げは最近ではＪＡＬ、かつてはパナソニックなど大企業でも相次いでいて、ニュースでもよく目にした。

「オレは全部一時金にするよ」

同僚は強気だ。

「所得税がもったいないなくないか」

と問う大吉に、

「でも退職金なら退職所得控除を超えても、優遇されるんだよ」

と同僚。へえ、結構調べているんだな。

「将来、年金の給付利率が急に下がるかもしれないなら、自分で運用して管理したい」のだと。

帰宅して千石を家に招き、飲みながら退職時のことを聞いた。

「一部でも退職金が入ると通帳にゼロがたくさん並ぶんだ」

千石が言う。

「いいなあ、なんだか舞い上がっちゃうなあ」

と心底うらやましそうな大吉。

「それが、これが老後のカネかと思うと寂しくなるんだ」

と千石。そんなものなのか……。それぞれに思いをはせつつ、グラスを重ね夜が更けていく。

# 心5得

## 失業保険はもらわぬが幸いか

### ▶失業等給付の申請は正直に

一般には失業保険とか失業手当というが、正確には「失業等給付の基本手当」。定年退職後、次の就職先が見つからず求職活動をしている場合には、雇用保険から支給される。ただし、定年後少し休養しようと思っているときなどはもらえない。不正が見つかると、基本手当の返還と不正に受け取った額の2倍相当を支払わなくてはならないことも。

### ▶退職金にも税金はかかる

退職所得には控除があり、勤続年数が20年超であれば控除額は、70万円×(勤続年数−20年)+800万円。ただ、退職金をこれまでにもらったことがあるときなどは控除額の計算が異なることがある。退職所得は「退職金から退職所得控除額を引いた残りの金額の半分」という計算。それに課税されるが、「退職所得の受給に関する申告書」を会社に提出すれば、原則として確定申告は不要。

# 退職金は退職日が肝心です

2010年5月18日朝。大吉は満60歳の誕生日を迎えた。

「いよいよ60か……」

外資系企業などにいて転職を難なくこなしてきた人はなんともないのかもしれない。だが、再雇用になるとはいえ、入社以来ずっと勤めてきた世界自動車を一度は去る格好になるのは、やはり一抹の寂しさを感じる。

でもその間に家を構え、子ども二人を大学まで通わせ、孫にも恵まれた。最近はつい、来し方を振り返ってしまう。

「なに、まだまだこれからさ」

自分を奮い立たせるように洗面所の鏡に映る自分にそっとつぶやき、歯を磨く。

「あなた、今日はお誕生日ね」

春子がスーツに合わせて用意してくれたのは、長男の秋吉《あきよし》がプレゼントしてくれたフェラガモのネクタイだった。

「じゃ、今晩はちょっと遅くなるから」

大吉はいつものように家を出た。

それから約2週間。マニュアル通りに手続きは進む。退職予定日は5月30日。

「末日付じゃなくてよかったよ。オレ、リタイア生活だからさ」

と同僚が言う。

「どうして？」

大吉の疑問に、同僚はしたり顔で言った。

「月末が退職日という企業も多いけど、その1日で年金とかが変わるって聞いたぜ」

年金と聞いては放っておけない。早速、お隣の夏目家の長女、百子に聞いてみた。

「社会保険の保険料と退職日、資格喪失日のカラクリがあるんです」

と百子が即答する。さすが、百子。でもカラクリってなんだ？

「社会保険の保険料は1カ月単位で徴収されます。例えば5月31日が退職日なら、翌日の月初1日に被保険者の資格がなくなって、保険料は5月分まで払わなくてはなりません」

と百子。

「でも5月30日が退職日なら資格を失うのは31日で、5月分の保険料は払わなくて済むんですよ」

へえ、そうなのか。たった1日で1カ月分の保険料がナシになるなんて。

「保険料は会社と従業員の折半だから、月末1日前の退職なら双方にとっていい話じゃないか」と大吉。

「そう、保険料負担では月末1日前がお得。でも」

と百子が続ける。

「5月分の保険料を払わないということは、保険に入っていたのは今年の4月まで。保険の加入期間がひと月少なくなると、その分年金が減るんですよ」

年金の額は被保険者であった期間が長いほど多くなる。

「だからたとえ1カ月でも短いと減ります」

と百子。平均的な賃金モデルで厚生年金保険に35年加入していたら、1カ月少ないと年間で3000〜5000円くらい少なくなるという試算もある。

「年金から考えると月末退職のほうがトク、というわけか」

大吉がうなる。

「実はもう一つ」と百子が続ける。「ずっと前にお話しした、在職老齢年金という制度、覚えていますか？」

オレたちは確か60歳から年金の一部が支給されて、でも給料が多いと年金が減額されて、全額なくなることもあって……。

「そう、その減額制度です」

百子がうれしそうに言う。

「これ、厚生年金保険の加入者に適用されるんです。5月末退職だと、完全リタイアされる方でも6月分の1カ月分だけはこの調整がなされて、年金がひと月分まるまる無くなるケースもありますよ」

ここまでくると、他人事のように思え、大吉はため息をつく。

「金額はわずかかもしれないが、退職のタイミングでこんなに数字が変わるなんて」

そして30日、年金手帳やら退職所得の源泉徴収票などを会社から受け取った。

「これから何日間かは忙しいんだよな……」

いろいろな手続きがあるし、書類の提出期限があるものは多いし、さっさと進めなくては。百子やライフプラン相談室での説明のおかげで、大体の流れがわかっているせいか気持ちは落ち着いている。

「福沢さん、お疲れさまでした」

部下の女性が花束とともにプレゼントまで用意してくれていた。

「おい、よしてくれよ花束なんて」

言葉とは裏腹に視界がにじむ。プレゼントの中身は電子辞書。

「世界旅行に行くっておっしゃっていたでしょう」

そんな部下の心遣いがうれしい。エレベーターホールで見送られ、

「じゃあ、また明日な！」

元気よく言ったつもりだが最後は涙声だったかもしれない。世界自動車にいてよかった。

「お帰りなさい、長い間お疲れさまでした」

帰宅すると、春子がとっておきのワインとキャビアを奮発してくれていた。今日ばかりはクリスマス休戦ならぬ退職休戦だ。

# 心6得

## 健康保険の継続　手続き期限に注意

### ▶社会保険の資格喪失日は要チェック

社会保険の被保険者の資格を失うのは、退職した翌日。資格喪失日が翌月の月初なら、前の月までが保険加入期間になる。しかし、月内に資格を喪失するとその月から被保険者ではなかったことになり、保険料は発生しない。社会保険は入社以来、自然に加入している印象が強いが、退職時にはよく確認しておこう。

### ▶退職手続きは意外とタイト

年金手帳などさまざまな書類を受け取るのが退職日だったりする。最も気をつけなくてはならないのが健康保険で、任意継続にするなら退職日の翌日から20日以内に元の会社の健保組合か、自分の住所地（住民登録地）の全国健康保険協会の都道府県事務所に行く。新しい勤務先の健保なら入社日から５日以内に人事担当の部署に行く。手続きが遅れると、一時的に医療費が全額負担になるのでくれぐれも注意を。

# 転職で通算退職金が半減？

「ウチなんか『トイレはできるだけ自宅で』の張り紙出たよ」

「あ、トイレネタはウチもあるぞ。手洗った後に温風で乾かすヤツ、ドライタオルだっけ、あれ止められた」

次々とやけ気味に披露される〝コスト削減ネタ〟。福沢大吉の長男で、団塊ジュニア世代にあたる福沢秋吉は大手の製薬会社「ダケタ製薬」に勤めている。久しぶりに大学時代の友人が集まったが、飲み屋は学生時代からの行きつけの安酒と量が自慢の居酒屋で生活レベルが上がっていないのが実感。

「就職氷河期っていえば、オレたちも大変だったよな」

乾杯もそこそこに飲み始めると、採用にもかかわる立場になった自らを振り返る声が聞こえた。ああ……思えば9年前。氷河期の中、必死でゲットした内定は有り難かった。少し前の若者のように「起業へのステップ」「すぐに転職」なんて、思いもしなかった。その忠誠心が、今やしがみつきととられてしまうこのつらさ。

「希望退職者募集のお知らせ」

ダケタ製薬にも、ついにその日がやって来た。まさに今日、その知らせはメールで届けられたのだった。

秋吉だって転職を考えないでもなかった。起業した大学の先輩に話を聞きに行ったぐらいだが、実際はかなりの冒険。最近のある調査では「この1年に仕事を辞めたいと考えたことのある人」の比率は7割近くだが、いざ会社から切り出されると……。

これまでも45歳以上を対象にした「早期退職優遇制度」はあったが、それはセカンドライフ支援の福利厚生的な意味合いから常置されている制度だ。今回の希望退職制度は全社員が対象とされ、応募期限と大体の目標人員も明記されている。強制的な整理解雇などとは違い、あくまで応募するかどうかは自由意思だが、随分威圧感がある。割増退職金についても言及され、年齢などによって異なるが秋吉の場合は「基本給×36カ月」。3年分の給料が一気に手に入るわけで、月40万円として計1500万円近いお金が上乗せされるらしい。

「ドン、とキャッシュが1500万円……」

秋吉の脳裏に積み上げられた札束が浮かんだ、その時。

「キャッシュの魔力に惑わされちゃ、ダメっすよ」

と肩越しに自称ダケタ製薬のマネー王子、部下の金田守《かねだまもる》の声。音もなく忍び寄るヤツだ。

「先輩、今年33歳になるんでしょ？　ビミョーだな」

なんだよ、ビミョーって？

金田いわく、近年変わってきたとはいえ、退職金は長年の勤労に報いる性質のもの。若いころはごく少なく、在職期間が長いほど急カーブを描いて増える傾向がある。厚労省の統計では、大卒ホワイトカラーの定年退職者の退職金平均は07年で2026万円。

「ちなみにこの数字自体、10年前に比べると800万円も減っています」

この数字に、転職経験ありの人の退職金の減少率のデータを当てはめて推計すると、

「例えば55歳での転職なら、長年勤めてるので大体1580万円ぐらいはもらえます。減少率は約2割すね。一方、25歳ぐらいでボクみたいにフレッシュなうちに辞めると、一社目の退職金はほとんどないけれど転職先で長年勤めるので、通算では1割減くらいで収まります。問題はその間にいるいわば谷間の世代です」

「谷間なら、何だよ」

該当者である秋吉は固唾《かたず》をのむ。

「35歳なら4割強減、40歳で半減、45歳では半分強減です」

転職したら人生での通算退職金が半減だって？

「でも、それはあくまで一つの平均的なデータだろ。個々の事情が違うだろう。例えばヘッドハンティングされて次の職場の給料がグンっと上がるとかさ」

食い下がる秋吉。

「では、次のデータです。これも厚労省のデータがありますが、転職で賃金が増えた人は25～29歳だと4割強でした。この『転職勝ち組』の率は年齢が上がるに従って減り、55～59歳では1割強。つまり先輩は転職で生涯退職金は減るわ、賃金もそんなに上がらないわ、踏んだり蹴ったりの年代に近づきつつあるんです。もちろん一般論の話っすから先輩みたいに市場価値の高い、優秀な方は……」

「もう、いいよ、今日は嫌みはやめてくれ……」

力なくつぶやいて社を後にした秋吉だった。ああ、オヤジはいいよな。オレたちに比べればずっと高い水準の退職金や年金を手にできるんだからさ。今夜の酒はやけに苦いぜ。

# 心7得

## 初期費用無料の転職支援会社も

日本経済新聞の集計によると、リーマン・ショック以降、希望退職に応じて退職した人は上場企業だけで2万3000人に及ぶ。厳しい環境に、ともすると身がすくみそうだが、ここは一つ発想を転換し、自分の「価格」を考えるいい機会かも知れない。ファイナンシャルプランナーの紀平正幸さんは「そもそも20歳ちょっとの時の職業選択を、60歳まで一度も見直さないでいいはずはない」と言う。専門の転職支援会社などに登録し、自分の転職可能性と市場価値を客観的に評価してもらってはどうだろう。成功報酬制のため初期費用はかからないところが多い。

# 雇用延長、再就職……悩みは尽きず

「じゃ、いってきまーす。今日はクラスのコンパだから、あなた、お夕食は適当に食べてね」

56歳の〝女子学生〟、福沢春子の弾んだ声。続いて「パタン」、玄関のドアが閉まる音がした後、「シーン」……家中が静寂に包まれた。

大学併設の「日本語教師養成コース」に通い始めたのだ。「日本語教師の資格があれば就職口もあるし、いずれ海外で教えてもいいわ」なんて、〝野望〟を口にするようになった専業主婦歴30年超の春子、なのだった。服装もめっきり若返り、今日も「チュニック」なる、スモックのような上っ張りを着て、まるで夏子と似たような洋服に身を包み、いそいそとでかけていった。

「体《てい》のいい体形隠しじゃないか」

静寂に押しつぶされそうになった福沢大吉は一人、縁側で慌てて悪態をついた。縁側に寝そべるネコの頭をなでる大吉……。現在はまだ60歳だ。しかし5〜6

年などあっという間にたち、すぐ65歳になる。「まだ65歳」のつもりでも、きっとはたから見れば「もう65歳」なんだろうなあ。そう、65歳になって仕事をやめれば、年金が全額支給され始める。

従来、60歳になると、会社の定年と同時に公的年金が支給され、「第二の人生」が始まっていた。それがここへきて段階的に年金の支給開始年齢が引き上げられており、大吉世代は60歳から報酬比例部分が、65歳から老齢基礎年金も支払われる。だが、嘱託などの形で今までの会社に残るから、定年したんだか、してないんだかわからない〝モラトリアム〟なのだ。

60歳になると、月12万円程度の老齢厚生年金がもらえるようになる。65歳になれば老齢基礎年金も加わり、月18万円程度に増える。さらに同時に、配偶者手当なる「加給年金」の支給も始まる仕組みだ。これが年40万円弱とナカナカの額。

「私のもらい分よね」

と、春子のヤツ、ずっと先のことだというのにこれを学費に充てて学校に通い始めたのだ。でも65歳になっても今くらいの給料をもらっていたら、年金が満額支給されても、在職老齢年金の境目になる月給（厳密には総報酬月額相当額という年間の給料と賞与を月平均にならした金額）と年金の合計が28万円を超えてしまう。せっかく年金が増えてもカットされるばかり、と焦ったのは大吉だ。

「でもね、65歳以上は在職老齢年金の計算式が変わってね、今度は合計48万円が境目なんだって。減額幅はずいぶん小さくなるよな」

大吉はのんびりネコをなでる。そのうえ、加給年金は在職老齢年金の計算対象外。ただ、65歳でいいことばかりでもない。

大吉の耳に、嫁、冬美《ふゆみ》の声がよみがえる。

「お父さん、65歳の節目には気をつけたほうがいいんですって」

先週ハローワーク帰りに寄った冬美が早速「雇用保険に関する豆知識」を披露したのだ。

例えば、今後、大吉が世界自動車を辞めて第二の仕事を見つけようとしたとする。65歳前に退職、求職すれば雇用保険からいわゆる失業時の基本手当が150日分出る。現役世代と同じ扱いだ。ところが、65歳以降は「高年齢求職者給付金」といって最長50日分を一時金でもらう制度に変わってしまうらしい。仮に退職前の給料が30万円なら、もらえる額が約40万円違ってくる計算だ。

65歳以上の2割が働き、男性に限れば3割が就労している。生活のためか、居場所の確保か、妻と顔を合わせない口実のためか……？　出がけに門柱にうずくまるネコに、「メンツ、かねぇ」と大吉はつぶやく。正直に言えばやはりカネへの不安もある。

大吉は外資系金融機関に勤め、金融情報にめっぽう強いお隣の娘さん、夏目百子の力を借り、残りの生活をざっくりと考えてみた。

「大吉さんの平均余命は、と」

百子がぱっぱとエクセルを操作していく。余命は22年、春子は31年。大吉の亡き後、9年間は春子が一人で生活する。

「日本語学校のご学友やらと一緒にならない前提で、ね」

大吉がぼそりと言う。

「福沢さん、邪推で計算の前提を狂わせないでください」

老後に向けて人生を謳歌《おうか》している春子へのひがみを無視し、計算を続ける百子。

福沢家の毎月の生活費は、平均よりやや高めの約32万円で、年間384万円。

それが23年分で8832万円。

「春子さんが一人で暮らすのに必要な額は、二人の時の7掛けで月に22万円として2376万円ですね」

合計で必要資金は1億円超だ。

「うう、まだ1億円以上もいるの？」

たじろぐ大吉に、百子が続ける。

「ありがたいことに世界自動車は年金が手厚いですね。退職金の一部を年金でもらうことにすれば、大丈夫でしょう」

会社の標準的なプランをマネしただけだが、結果的によかったようだ。加給年金も年に40万円弱入り、収入は月に30万円くらいにはなる。オレがいなくなっても、春子は自分の老齢基礎年金と遺族厚生年金とで月に15万円くらいは手にできる。

家も土地も預貯金もあるから、ありがたい老後だろう。だが、途中で有料老人ホームに行きたくなったら？　保険適用外の陽子線治療などが必要になったら？　JALのように年金の減額もないとはいえない。65歳からは病気にかかる人がぐっと増えるという厚労省の調査もあった。

「貯金を切り崩す生活は、やっぱり不安だよ」

「じいじ、ファンってだれの？　イチロー？」

百子が出してくれたエクセルの表を改めて眺めていたら、初孫の諭《さとし》がひざに飛び込んできた。長男の秋吉一家が遊びに来る日だったのをすっかり忘れていた。

# 心8得

## 年齢把握の方法独特　基準は「誕生日前日」

### ▶いつから「65歳」？

　年齢が一つ進むのは誕生日当日と思いがちだが、法律に基づく年齢把握の方法は一般の概念とは違い、誕生日の前日には、もうその年齢になったと見なす。65歳の誕生日の「前々日」までに退職手続きをとらないと各種届けは間に合わず、あてにしていた手当がもらえないことがある。

### ▶年収850万円未満か所得655万5000円未満

　夫に先立たれた妻がみな遺族厚生年金を受け取れるわけではない。受け取れるのは、原則として年収850万円未満、もしくは所得として655万5000円未満の場合。例えば親の資産を受け継いで家賃収入があるなど、収入の基準を超える場合には子どもに早めに財産を移転させるといった対策が必要になる。

# ②年金編

# 年金、結局いくらもらえるの？

「ハッピバーズデー、ディア、パァパー……♪」

泣かせるねぇ。ちょい音痴な母子のハーモニーに本日から33歳の福沢秋吉はホロリとする。大の男に誕生日もないが、妻の冬美は無類の行事好き。付き合わねば機嫌が悪い。紙のパーティー帽をかぶった秋吉はケーキのろうそくを盛大に吹き消した。

し、しかし……。

「ねぇ冬ちゃん、プレゼントはコレ？」

「そう。欲しがってたでしょ。おトクなんだし、よかった、よかった」

そりゃ、欲しかったさ。ちょうど壊れてたし、そろそろ必要になる季節だし……。秋吉は心でつぶやきながら、諭が描いた絵を見つめる。四角い白いハコと「えあこん」の文字。目録、か……。

景気刺激策だった「エコポイント制度」は、2010年12月末まで、製品購入期間が延長された。一定の基準を満たした省エネ効率の高い冷蔵庫や地上デジタル放送対応テレビ、エアコンを購入するとポイントがもらえる。機種によって最大3万6000円分のポイントが、さらに買い替えでリサイクルしたらテレビでは3000ポイントも上乗せされる。ポイントはプリペイドカードや地域の特産品のような商品と交換できて、お得感がある。

秋吉の誕生プレゼントの名目で、故障したエアコンを買い替える魂胆か。

「その代わり、発泡酒じゃなくて秋ちゃんの好きなエベスビール付けてあげる。あ、そうだ、これもプレゼント、お国から」

冬美が渡したA4の青い封筒には「ねんきん定期便」の文字が。「お、これが、例の……」

2009年4月誕生日の人から順次、すべての被保険者に誕生月に送られた、日本年金機構からのお知らせも二回目だ。以前送られてきた「ねんきん特別便」は、年金加入期間の記録だけで、肝心の「いくらもらえる」がわからなかった。それを「定期便」が教えてくれる。「どれどれ……」

次の瞬間。封を切って一番上のページの数字を見た秋吉は……固まった。

これだけ？　たったの？　そこには「(年額) 82万5100円」の数字。月7万円にもならないではないか。そうだ、去年もあまりの少なさにうろたえたのだ。

「落ち着け、落ち着くんだ」、秋吉は自分に言い聞かせ、思い出す。

「そうだ、金田が言ってたっけ。50歳未満の人は、『もし今辞めたとして、これまで保険料を払った分で将来もらえる額』しか、確実にはわからないって」

よく読むと確かに「これまでの加入実績に応じた年金額」と書いてある。

では、肝心のこれから保険料を納める分も含めた、「最終的に将来もらえる額」はどこにあるのか？

やれ「第1号被保険者」だ、「標準報酬月額」だのイヤラシイ専門用語につまずきつつ、秋吉はようやくそれらしいページに行き着いた。「（参考）将来の年金見込み額をご自分で試算できます」とある。

「なんで人に計算させるかな……」

計算嫌いの秋吉はぼやく。何でも「額」が実数で示されるのは〝ゴール〟近い50歳以上の人のみ。不確定要素の大きい若年層の定期便には自分で試算する「数式」があるだけだ。

サラリーマンの秋吉の場合、「老齢基礎年金」と「老齢厚生年金」の二つの部分に分解し、それぞれを計算するらしい。「基礎年金」は加入期間に応じた定額制なので簡単。最長の40年（４８０カ月）加入した時にもらえる満額が年額79万２１００円なので、１年あたり約１万９８００円。これに60歳までの自分の予想加入期間をかければいい。

ややこしいのは、報酬に比例して決まる仕組みの「厚生年金」の方だ。入社から退職の給料の平均額を算出し、それに加入期間をかけるのが基本の考え方。だが、なんせ、40年近い長期間の話だ。例えば40年前の初任給が「10万円」なら、それを今のお金の価値に直す必要がある。これまでの過去の分については、現在価値に直された額が計算式に印字され、定期便に載っている。だが、これから先の将来分は……？

そこまで懸命に読み進めた秋吉だが、ついに定期便を放り投げた。なんと「ご自身の状況に合わせてご記入願います」とある。そりゃ、将来10％昇給するか、2％ずつ減給になるか、わからないのが当然だが、

「せめて指針になる考え方示してくれなきゃ、『ご自身で記入』できないよ」

しかもご丁寧に赤い太字で「実際に支給される額はこの計算式のほかに物価変動率など将来の調整率が加味されます」とある。要するに苦労して計算式を埋めても「その額になるかわかりませんよー」ってか。

「あした、金田に確認させよっと」

なじみの〝結論〟にたどり着き、秋吉はしみじみ思う。

「目先のエコポイントなんかで喜んでいる場合じゃないぞ」

# 心 9 得

## 「ねんきん定期便」は必ず確認し保存を

### ▶「オレンジ色」は要注意

定期便の封筒は２種類。普通の人は「水色」だが、標準報酬月額に誤記載の可能性のある人などには「オレンジ色」の封筒で送付される。オレンジ色だった人は中身をよくチェックしたうえ、同封の「回答票」に必要な訂正を加え、返送する。特別便に回答済みで訂正のない人は返送不要だが、その場合でも念のために定期便は必ず保管しておこう。というのも、毎年誕生月に送られてくる定期便は簡略版だ。すべての加入期間の標準報酬月額などが載っている完全版は、今後は35歳、45歳、58歳の節目にしか送られてこない。

# 定期便は不安な誕生日プレゼント

電話口で金田守の口調はいよいよ居丈高になりつつあった。

「だーかーらー、紙に書いてあること読んでもしょうがないっしょ。ボクがさっきから聞いているのはー……」

机の上に足を乗っけての、恫喝《どうかつ》口調。

「オタク、ほんとに専門家？　え、アルバイトなの？　『わからないことは、ねんきん定期便専用ダイヤルへ』って書いてあるから電話したのに全くラチあかないじゃない。ちっ」

いつもは冷や冷やさせられる、金田の生来の感じ悪さが今日は頼もしく感じられる福沢秋吉だった。年金被保険者全員に誕生月に送られてくるようになった「ねんきん定期便」を早速受け取ったはいいが、理解できずに金田に解読を頼んだのだ。

「ボクのためにここまで熱くなってくれるなんて……」

「結局、ボクらの国民負担ですからね」

乱暴に受話器を置いた金田はクールに言う。

「『ねんきん定期便』一通当たりにかかるコストは約300円と言われます。7000万件ほどの現役世代の分で約200億円。そもそも宙に浮いたり、消えたりした年金記録の手続きとオンライン記録の全件照合分だけでも2000億円以上かかるといわれています。今の全くダメダメなコールセンターのバイト人員の給料も含め、膨大な経費が長い目で見ればボクの税金にはね返るんすから、力も入ります。ほらっ、先輩はまず、標準報酬月額の記録をチェックするっ」

定期便の主なチェックどころはこの標準報酬月額だ。就職から今までの記録一覧を見て、空白や不自然に低い額がないかに注意する。この額が低ければ低いほど、それに応じて毎月支払う保険料も低くなる。保険料は個人と会社の折半なので、負担を減らしたい会社が低く改ざんし、受け付けた旧社会保険事務所（現・年金事務所）も保険料の納付率を高めたいばかりに改ざん行為に加担した「消された年金」が144万件もあるらしいのだ。幸い秋吉の記録に抜けはない。

「でも、こんな紙を寄越して、あなたの『標準報酬月額』これでOK？　と聞かれてもなあ。それって月給と同じだっけ？　税込み？　そんな額、即答できる人いるわけ……」

「ボクは17等級28万円です」

秋吉のぼやきを遮り、即答する金田。つくづく感じの悪いヤツだ。

「標準報酬月額とは、毎月の報酬を9万8000円から62万円のレンジの中で30等級に分けたものです。この場合の報酬は税や保険料を引く前の額面で、残業代や通勤定期代、各種手当に食事、社宅なんかの現物も換価してぜーんぶ含んで考えます。4～6月の平均を取って、その年の1年分の基準にしますから、この3カ月はボクは残業セーブしますね。保険料が安くなる可能性がありますから。ま、こういうのを〝年金リテラシー〟って言うんですかね」

通常、〝サボリ〟と言うようだが。

現役時代に高給取りだった人ほど、年金が意外に少ないと感じるのは、この標準報酬月額の仕組みにもあるらしい。たとえ月給100万円でも上限の62万円で頭打ちだ。概算だが、例えば現役時代38年間の平均月収が35万円だった人の年金のメドが月16万円程度。一方、平均月収62万円の最上位の人でも、年金となると24万円が精いっぱい。反対に月9万円未満でも、9万8000円で計算する。改ざんする時はこの最低額9万8000円にする例が多いらしい。月給がそんなに低くないのにその額になっていたり、減給された覚えがないのに急に標準報酬月額が減っていたりしていないか……秋吉は金田の指示通りチェックを進めた。

最後に最大の関心事「で、結局いくらなの？」を、定期便に載っている計算式を使って計算する。必要なのは入社から定年までの給与の平均額だが、とりあえず、今後はこれまでの実績の10％増しにしてはじく。一説には38歳ごろの給与がおおむね平均になるというメドもあるらしい。すると出た数字は、年２２０万円。

「月20万円もないんだな」

企業独自の上乗せ部分は含まない数字とはいえ、心細い結果だ。

「それでも超楽観的シナリオです」

金田は冷たく言い放つ。そもそも今の制度は、今後名目賃金が年２・５％上昇し、年金積立金が４・１％で運用されるというバラ色の前提で、「現役世代の50％の年金」をうたったもの。だが、実際は賃下げや非正規雇用者の増加で、賃金は1％台の上昇でもいい方だ。

「ね？　土台がこんなにいい加減なんだから、自分の今後の給料とか細かく推測しても無意味ってわけですよ。確かなことなんて何ひとつないでしょ」

いや、一つ確かなことがあるぞ、秋吉は思う。

「今後誕生日のたびに定期便が来て、こんな不安な将来を見せられるなら、誕生プレゼント買おうなんて消費意欲が無くなるのは間違いない」

# 心10得

## 標準報酬月額　給与明細から計算

### ▶給与明細を見てみよう

自分の標準報酬月額は給与明細を見ればわかる。「厚生年金」の引き去り額を保険料率で割り戻せばわかる。自分の給与明細に載っているのは個人の負担分だけなので、会社負担分と合わせるために倍額にする。例えば引き去り額が１万5704円なら倍にして３万1408円。これを2010年６月現在の保険料率15.704％で割れば20万円。これが自分の標準報酬月額だ。

# 妻の年金に記載漏れ？

「肥料も入れ終わって、これでバラもきれいに咲くはずよ。広い庭はいいわね」

大吉の母、千代《ちょ》の体調が思わしくなく、久しぶりに仙台にある実家を訪れた大吉夫妻。ガーデニングが得意な春子は、家事の合間に荒れ放題になってしまった仙台の家の庭も整え始めた。土いじりをしながら千代と話すその距離感がちょうどいいのだろう。嫁姑の小競り合いで間に挟まれたこともあった大吉は、ほっと胸をなでおろす。

前回訪れたのは、大吉の60歳の誕生日のちょうど3カ月前。郵便受けに緑色のA4サイズの封筒が入っていたからよく覚えている。再び日本年金機構（旧社会保険庁）関連の社会保険業務センターからの手紙だ。中身は「年金請求書」。

「そうだ、退職者セミナーで説明を受けた年金の裁定請求書というやつだな」

大吉がノートを見直すと、誕生日の3カ月くらい前に来る請求書はとても大事とメモしている。

「年金は自分から請求するもの。自動的に手にできるモノではありませんよ」

という会社の担当者の言葉がよみがえった。

年金請求書には、氏名や住所、生年月日に基礎年金番号があらかじめ印字してある。すべて手書きだった以前に比べればずいぶん楽になっているんだろう。世界自動車への年金加入記録の印字もＯＫ。

「間違いなし、と。自分の年金をもらい損ねる心配はこれでないな」。大吉は書類のポイントを押さえつつ、つぶやく。

ページをめくると配偶者名などの記載欄もある。

「なるほど、加給年金の有無ということだな」

一定の条件を満たした場合、いわば妻手当のような年金が年間40万円弱もらえる。一読するだけでは大吉にはわかりにくい書類だが、隣の夏目家の一人娘、百子に事前に聞いていたせいか、なんとか自力で書けそう。大吉は春子の氏名などを記載しながら、ふと手を止めた。あれ、春子は世界自動車でオレと知り合って職場結婚したけれど、その前に銀行に勤めていて世界自動車に転職してきたはずだ。そういえば春子のやつ、ちゃんと記載をチェックしているのかなあ……？

「春子、昔銀行に勤めていた時の年金の記録、統合されている？」

大吉の呼びかけに、

「ええっ、わからないわよ、そんな大昔のこと。年金、ややこしくて」

と春子。かつて宙に浮いた年金問題と騒がれ、記載漏れがあやしいという人には優先的に特別便が送付されたはずなのに。全く、おめでたいことこの上ない。コンビニのレシートをめざとく見つけては缶ビールは量販店で買え、などと細かくチェックするくせに、なぜ肝心な書類をみないのか。

「福沢さん、近くの年金事務所にいってすぐ確認した方がいいです」。百子が言うには、手間かもしれないが、ここでちゃんとしておけば、65歳から本格的にもらえる年金のための手続きも簡単に済ませられるそうだ。「女性は結婚で姓が変わるケースが多いから漏れている可能性、結構ありますよ」とも続けた。

「すぐにでもいって、書類もついでに出してしまおう」

と腰を浮かせた大吉を、

「あっ、まだだめですよ」

と百子が押しとどめる。

「年金の受給権を得るのは、60歳のお誕生日の前日から。だから年金請求書の提出もそこからです」

と百子。請求書のほかに戸籍謄本や年金手帳、住民票の写しなど、いろいろとそろえねばならない書類もある。

「戸籍謄本もお誕生日の前日より前には取り寄せないでくださいね」

「そうか。じゃあ少し後になるけど、この書類を出すときに春子の記録も確認しよう」

大吉が言うと、

「あ、それもちょっと」

と百子が難色を示した。

「大吉さんの請求書などは世界自動車を管轄する年金事務所に出します。普通は本社の近くですね。春子さんはお住まいの近くの事務所で」

と言う。

「同じ年金のことなのに、いっぺんにできないの？」

大吉はあきれ顔だ。

「できるでしょうが、事務手続きが煩雑になるから、分けた方がスムーズだと聞いたことがあって」

大吉の不機嫌な様子に気圧《けお》されて、思わず百子がすまなそうに言う。

「不安なら会社の労務担当の方に聞くとわかりやすいですよ」

と百子。

「それから年金事務所に請求書などを提出するなら、年金を受け取る金融機関の通帳も持っていくといいですよ」

と言う。

「面倒だなあ。自分で行かなくちゃならないの?」

大吉のわがままに、

「誰でも行けますが、それには委任状が必要で……」

百子の答えを遮るように春子がクギを刺した。

「誰でもって誰かしら。私は忙しいわよ。濡れ落ち葉じゃなく、自分のことは自分でやる自立した夫婦になるのよねえ、大吉さん」

おっしゃる通りです、春子さん。

# 心 11 得

## 年金は必ず「請求」 疑問点も確認

### ▶年金請求書は必ず提出

国民年金や厚生年金を受け取るためには必ず「請求」しなくてはならない。基本は郵送で返送するスタイルだが、「不安なら勤務先の管轄の年金事務所に行くのがよい」（ある企業の労務担当）という。妻などの年金についても記載があるので、あわせて確認する。

### ▶年金はすぐには受け取れない

請求しても年金はすぐに振り込まれるわけではない。偶数月の15日（土日、休日の場合は、その直前の営業日）に2カ月分が振り込まれる（年金額が12万円未満の場合は年1回）ので、例えば7月が誕生月の人ですぐに手続きをし、スムーズに進んだ場合でも、振込は8月ではなく、10月になる場合が多いなどタイムラグがある。

# ああ自己責任、401kが身に染みる

「取りあえず、ビール」

大吉が、冷えた小ぶりのグラスになみなみ、黄金の液体を注ぐ。目の前に持ち上げて一言、「お疲れさん」。

一気に飲んで「プハーッ」。仕事後のビールの最初の一杯は最高だ。福沢秋吉は久々に父、大吉と落ち合い、一杯やっていた。大吉なじみの新橋の小体《こてい》な料理屋だ。やはり仕事後の一杯はこうだろ、タイミングよく出てきた刺し身をつまみ、秋吉は思う。部下の金田は飲みにいくといきなり、

「ボク、カルピスサワーと皿うどん」

と言ったりする。〝会社人〟としていかがなものか。

だが、４０１ｋなる新退職金制度が始まると、秋吉の退職金がそんな金田の半分、という事態もありうるというのだ。４０１ｋでは会社は毎月掛け金を振り込むが、運用は個人の自己責任。巧拙次第では退職金の額に大差がつく、と秋吉は

会社で聞いた話を大吉に愚痴《ぐち》る。

「だから、この前みたいに株式相場が急落した時は、仕事そっちのけで机のパソコンで必死に運用指示する人も出てくるらしいんだ」

「なんだそれは」

60歳の大吉は解せない。

「男子たるもの、毎日がむしゃらに働く。退職金なんてその結果だろ」

グイッ、ビールを干す。大吉が世界自動車に入社したのは1973年。懸命に働けば会社が昇給や福利厚生で報いてくれる、そんな時代だった。会社人生、最後の10年間こそバブル崩壊後のリストラもあったが、総じて〝滑り込みセーフ〟。退職金約3000万円は約3分の2を60歳時に一時金でもらい、残りを20年間の年金にした。年金部分は会社の厚生年金基金が年2・5%を約束して運用してくれるのだ。目標に達しないときは基金が穴埋めもしてくれる。ま、前は4%台だったのだが、今やゼイタクは禁物だ。

「でも、基金がパンクして解散したり、会社がつぶれたら元も子もないからね」

秋吉は金田に垂れられた講釈をそのまま披露する。実際、基金は解散などが相次ぎ、今は1997年頃の3分の1以下になった。そうなると従来もらえたはずの退職金額は望めない。

「その点、401kは会社と別の個人勘定だから、会社がつぶれても大丈夫なんだ。転職しても持ち運んで運用を続けられる〝ポータビリティー〟もうれしいよね」

と、これまた覚えたての横文字を繰り出す。退職して独立・起業したときは自営業者などが入る「個人型」の401kに移ればいい。そういえば、退職して夫と起業準備中の元部下も入っていると言っていたな、と大吉は思い出す。

「税金や金融商品の手数料面での優遇はバカにならない」

とか、ちゃっかりしていた。若い女子が、年金なんぞの話をするとは……。

「時代が変わったんだな」

大吉はつぶやく。そういえば大学の友達の大手電機メーカーではかつて、最高年10%という高利で80歳まで退職金を運用、年2回利息込みで受け取れる、なんて夢のような制度があった。けれど、会社の経営が苦しくなるや受給者の利率まで引き下げた。OBたちは「退職金という〝給与の後払い〟の減額は許せん」と裁判を起こしたが、会社側が勝ったという記事も読んだ。なにせ、大卒の新入社員の3割が3年以内で退職するといわれる時代だ。「給与の後払い」なんて悠長なことは通じない。

「逆に最近は〝退職金の前払い〟として毎月の給料を多めに払う会社もあるよ」

と、秋吉。そうなると401kどころでなく、丸々自己責任。運用に回さずに使ってしまえば、それきりだ。

「結局、会社と心中するリスクか、自分の運用にかけるリスクか」

最近、運用の勉強を始めた大吉がもっともらしく言う。なんでも世界自動車グループのOB、十数人が集まって「投資クラブ」を始めたらしい。クラブ名義で証券会社に口座を開き、月1万円を皆で出しあって実際に株を買う。売買の前には勉強会をしたり、皆で投資方針を決める会議を開いたりする。日本では96年に解禁され、クラブ数は2007年10月末で600件を突破、欧米ではかなりの歴史と数を誇るという。

大吉のクラブの注目銘柄は当然、今も雇用延長で働く世界自動車。のはずだが、大量リコールで対応に追われている今、果たして「古巣」の一点で注目していていいのか。今、世界自動車は苦境に立たされている。

「運命共同体の会社を純粋に投資対象として見ると、また違うな。自動車を取り巻く環境は急変しているし、会社のおかれている状況も変わっている。ま、人件費が業界平均より高すぎる、なんて見方もできるようになって、勉強にはなるよ」

「父さん、評論家になるのは早いよ」

制度と環境は変わるもの。その中で個人はたくましく生きるしかない……。新旧企業戦士の哀歓と共に、秋の夜は更けていくのだった。

# 心12得

## 今後ますます本格化する401ｋ

### ▶税金メリットも

401ｋ（確定拠出型年金）は企業が自社従業員用に導入する「企業型」と自営業者や企業年金のない会社員が加入する「個人型」に分かれる。侮れないのが税金の優遇。会社が出す掛け金は非課税で所得税や社会保険料はかからない。運用時の利子や分配金も非課税で実際に受け取るまで税金の支払いを繰り延べられる。例えば毎月１万5000円を年３％で38年運用すると、通常の金融商品のように運用時に20％源泉徴収されない分、計158万円が得になる計算。自分で投信を買うよりも有利だ。自営業者などで加入できる人は一考してみてもいいだろう。

# 年金の損得、それは確率論

「ようっ！　大ちゃん」

肩をたたかれ振り向いた福沢大吉は、一瞬戸惑う。視線の先にいるのは、はげ上がった赤ら顔の初老男性。

「オレだよ、オレ」

白髪混じりのまゆの下の、くりっとした瞳は……。

「キー坊？」

イガグリ頭の野球少年の残像がピタリ重なった。

「おう。42年ぶりたい」

今日は大吉が高校時代を過ごした福岡県の豊作高校の同窓会なのだ。父親の仕事の関係で全国を転々とした大吉。昔は面倒だった故郷の会に顔を出すようになったのは定年を間近に控えて年を取った証か。

「懐かしかー」

「どぎゃんしとったか？」

たちまち還暦間近の〝少年〟たちが大吉を取り巻く。

「みんな、ちっとも変わらんなー」

いかに頭髪が、腹囲が、シワが、重力が邪魔しようとも、だ。

とはいえ、ひと通り〝来し方〟の報告が終わると、話題は自然と〝行く末〟へ。

「年金、病気、介護」がこの世代の同窓会のキラーコンテンツだ。地元名産の透き通ったイカの刺し身をつまみながら、冷酒を差しつ差されつしていた、隣の席のキー坊が口火を切った。

「どうせ大した額の年金じゃないから、オレ、早めに年金もらって小遣いにすることにしたんだ」

かつては60歳から受け取れた年金だが、1950年生まれが中心の大吉たちの本格的な支給開始は65歳から。60歳前半では会社員が入る厚生年金や公務員の共済年金の一部分が段階的に支給されるだけだ。それをキー坊は65歳を待たずに、早くももらい始めたというのだ。

「どうするんだ？」

「いくらだ？」

周りから声が上がる。

キー坊いわく、老齢基礎年金の本来の支給開始は65歳だが、希望すれば60歳以降、65歳になるまでの間で1カ月単位で早めにもらうことができる。ただ、その場合は1カ月早めるごとに、本来の受取額より0・5％減額されるのがルール。1年（12カ月）前倒しして64歳からもらえば6％減、5年（60カ月）早く60歳からもらい始めれば30％減だ。満額で年79万2100円だから、60歳からの繰り上げなら年55万4470円、月当たり5万円弱の計算だ。

最近繰り上げを始めたキー坊の〝小遣い〟は月5万円弱ということ。

「おおーっ」

「5万円のお小遣い」と聞いて座が一瞬色めき立つ。だが、よく聞くと減らされた額が生涯続くらしい。

「じゃ、最初はよかばってん、長生きするほど損になると？」

質問の声の方に向けてキー坊は「グイッ」と派手に杯を干して見せ、見得を切る。

「太く、短く、たい」

確かに65歳以降、時がたてばたつほど、累計年金額は「後ろ倒しにして」もらい始めた人のほうが多くなる。例えば60歳でもらい始めた人は65歳時点では、既に5年分、約2777万円もらっているが、その差は毎年約23万7000円ずつ埋まる計算なので、76歳8カ月が「損益分岐寿命」になるわけだ。「ニッポン男子の平均寿命はちょうど79歳、それまで得すれば十分じゃなかね」

「相変わらず、大ざっぱなヤツだな」

口を挟んできたのは、通称ガリ勉の〝ガリー〟。東京からの転勤族の息子で確か東大に入って銀行員になったはずだ。

「なにっ！」

キー坊がにらむ。そういえば昔からこの二人は相性が悪かった。

「キミはまず『平均寿命』と『平均余命』の違いがわかってないよ。既にこの年まで生きてきた僕たちの余命は、新生児なんかを含めた全体の寿命より長いわけだ。厚生労働省発表の簡易生命表では、60歳まで生きた人は男性で83歳まで、女性で88歳まで生きる。ズバリ、繰り上げは損する確率が高い」

ズバリ、の口癖も変わっていない。

「加えて、繰り上げで年金をもらい始めると、65歳までの間に重い障害を負っても、本来もらえるはずの障害基礎年金がもらえない。遺族年金にも制約が発生する。それよりも逆に『繰り下げ』したほうがいいよ」

畳みかけるガリー。早くもらうと減るなら、遅くもらうと増えるのが道理。65歳以降70歳までの間で自分で受給時期を遅らせることができる。こっちは繰り下げ1カ月当たり0・7％の増額だがら、ギリギリ70歳からにすると42％増しの約112万4800円になる。65歳からの人の累積受給額を82歳前で逆転し、90歳まで生きたら約300万円も「トクする」という。

「40％ものリターンを見込める金融商品はないからね」

基礎年金のほかに老齢厚生年金にも同様の制度があるので、どちらか片方だけでも繰り下げることができるという。

「ばってん、年間40万円近い加給年金ば、もらえなくなるばい」

元学級委員の由香里ちゃんが優等生らしく発言した。加給年金とは年金の家族手当版とも言えて、厚生年金に20年以上加入した人に65歳未満の配偶者などがいる場合などに支給される。これがフイになるという。

「ガリー、せっかく若い嫁さんもろたばってん、ばりもったいなか」

ガリーも由香里ちゃんに指摘されてはぐうの音も出ない。

「ククク」キー坊が、これみよがしに笑う。

「はっ！　底の浅かやつたい。そうやっておまえは細ぉ〜く、長ぁ〜く生きて一生カネ勘定しちょればよかたい！」

# 心13得

## 受給時期繰り上げ　国民年金で5割弱

### ▶「繰り上げ」「繰り下げ」した人は？

〝お隣さん〟はどうしているのだろうか？　日本年金機構のデータによると、国民年金のみの人の場合、基礎年金の繰り上げ受給者は全体の５割弱に上る。ただ、2007年度から年金をもらい始めた人に限ってみると、ほぼ５人に１人だ。一方、繰り下げ受給は全体で見ると100人に１人程度だが、07年度から年金をもらい始めた人に限ると、倍以上の100人に３人弱となっている。「長生きリスク」への関心の高まりが背景にあるのかもしれない。

# 過去に米国赴任、アメリカからも年金が？

年金請求書を書き込んだが、いまひとつ自信のない大吉。会社の「ライフプラン相談室」の担当者のところに書類を持っていき、確認してもらうことにした。不備があって何度も年金事務所に通うのはごめんだ。

担当者は快く受けてくれた。やはりもちはもち屋。これでひと安心、と腰を浮かせた大吉に担当者が、

「福沢さん、アメリカに赴任したことありませんよね？」

と問いかけてきた。

「出張では何回か行ったけど、赴任はないよ」

と大吉。世界に多数の生産拠点を持ち、会社はグローバル化を果たしたが、オレの会社人生は国内だけで終結しつつある。

「あ、でもどうして？」

と大吉が尋ねると、

「いえ、アメリカの年金ももらえるかと思って」

と担当者が言うではないか。減るどころか、たった数年の赴任で米国からも年金がもらえるの？

お隣の夏目一家は確か20年くらい前に一度、米国赴任したことがあるはずだ。

「夏目さん、アメリカの年金ももらえるんですか？」

庭いじりをしていた千石に、大吉が話しかけた。

「ああ、百子に社会保障番号カードを出せとか言われて申請したよ」

やはり夏目家の一人娘、百子さんはしっかりしている。

「社会保障協定というのが、日米間で結ばれたんですよ」

と百子。２００５年、協定が結ばれて日米それぞれの年金加入期間を合算できるようになったのだという。例えば、米国に4年間赴任して、その間米国の年金に入っていた場合、日本の厚生年金に6年入っていたら、年金加入期間は通算で10年。米国での年金加入期間が1年半以上で、日米合わせて10年以上なら、米国の年金をもらう資格が得られる。支払った保険料に見合う年金が、生涯にわたって米国から毎月もらえるという。しかも日本のように、収入の多寡で金額が変わることもない。

前は米国での年金加入期間が10年に満たないともらえなかった。

「だから赴任期間が短い日本の転勤族は、ほとんどが保険料を支払うだけで年金は受け取れなかったんですよ」

　と百子。

「まあ、保険料は会社持ちだから、個人の懐が痛むわけじゃないけど。父も母もラッキーでした」

と百子。えっ、万由子さんも？

　大吉の驚く顔に、

「そうなんです。母も、父の半額ですが、もらえるんです」

　と百子が言う。

「へえー。でも英語の書類とか、面倒なんだろう？」

大吉がちょっと意地悪に聞いてみる。自分が損したわけではないが、なんだか悔しい。そんな自分の度量の小ささにはうんざりするが、面白くないものは面白くない。

　百子がうなずく。

「年金事務所で仮申請書はもらえます。申請書を記入して最寄りの事務所に提出すると、改めて米国から英文の本申請書がどさっと送られて来るんです。質問も多いから確かにやっかい」

でも受給資格があるのなら、日本年金機構のホームページや手引書などで調べながらやってみる価値はありそうだ。

「妻も要チェックですよ。ご主人が亡くなっていても妻は遺族年金がもらえるし、結婚期間が10年以上あったら離婚しても元妻はもらえるんですよ」

と百子。

「ただし、元妻は再婚したらもらえなくなりますけど」

「やっぱり、その年金はドルでもらうの？」

と大吉が興味本位で聞く。

「ええ、ドル建ての小切手か、日本の銀行口座に円建てで振り込んでもらうか、選べますよ」

千石は申請を済ませ、あとは手続き完了を待つばかりだという。そうか、オレの同期でもそういう恩恵にあずかれるヤツが何人かはいるのだ。

「もらえることを知らずに70歳になって、そこで気づいても申請できるの？」

がぜん興味を持った大吉が聞くと、

「そうすると少し割り増ししてもらえるはずですよ」

と百子。ちなみに所得に応じて年金額は異なるので、一概にいくらとは言えないが赴任者の平均的な所得水準に照らすと、４年の加入期間では夫婦で毎月３４

0ドルくらいだという。

「秋吉も2~3年アメリカに行けるといいな」

と息子を思い浮かべながら、大吉が言う。

「いえ、もう今は5年未満の赴任なら米国の年金に入る義務がなくなったから、この年金の恩恵にはあずかれる人はほとんどいないでしょうね」

と百子が気の毒そうな顔をした。うまい話は賞味期限が短い。

# 心14得

## 夫が単身赴任でも妻に受給資格

### ▶米国の年金受給は62歳から

年金は62歳から受け取れるが、誕生年により65歳から67歳が「標準退職年齢」となっている。63歳など標準退職年齢より早くから受け取り始めると年金額が減額され、69歳など遅くから受け取り始めたら割り増しとなる。

### ▶妻にも手厚い米国の年金

米国の年金の範囲はかなり手厚いようだ。夫が米国に単身赴任していた場合でも、妻に受給資格が生じる。また、夫が米国からの年金受給資格を持ち再婚した場合も、再婚相手の妻は受給資格を得られる。

# 年金あれこれ・おさらい

2008年に、すべての年金加入者に「ねんきん特別便」が送られた。「消された年金」問題が浮上し、加入者の不安と年金への関心が一気に高まった。その後、誕生月に「ねんきん定期便」が送られてくることになったが、詳細な情報はこの「特別便」で確認できる。不安を少しでも払拭するための自分でできる自衛策を紹介しよう。

**●「特別便」や制度への理解を深め将来設計に役立てよう**

宙に浮き、さらには消されたものまであらわれた——。老後の生活基盤となる公的年金。だが、年金算定の基となる給与の額が改ざんされ、受け取る年金が減ってしまう「消された年金」問題が浮上した。自分の年金は大丈夫か。本書に登場する福沢大吉・春子の夫婦と、その息子、秋吉の場合は——。

「おっ、これだな。オヤジが昔払ってくれた国民年金、ちゃんとあるかな」

2008年10月のある日のこと。秋吉はパソコンに向かう手を止め、配達されたばかりの薄緑色の封筒をつかんだ。「ねんきん特別便」の中身を確認したくてうずうずしていたのだ。

「ねんきん特別便」は、年金加入者一人ひとりの基礎年金番号に統合されていない番号が5000万件もあることが発覚したのが発端。こうした「宙に浮いた年金」が誰に属するかを特定するため、加入者自身に過去の履歴を確かめてもらおうという手続きだ。年金をすでに受給している人に2008年4~5月に送られたのに続き、現役世代にも同年10月中で送付が完了した。

「さてまずは、自前の年金履歴書を開けて、と」

秋吉は特別便を開封するのをこらえ、パソコン内に収めているファイルを開いた。これまでに加入してきたはずの年金の履歴を自分なりに整理しておいたのだ。

## ●日付のつながりが重要

「ねんきん特別便」や定期便などに頼らず、秋吉のようにあらかじめ自分で履歴書を作っておこう。これまでの勤務先名と時期、当時の住所などを思い起こす。長時間のアルバイトや家業の手伝いなどもチェックしよう。実はアルバイトなどでも、本人が知らぬ間に厚生年金に加入していた場合がある。また勤続10年未満などで辞めた会社に「厚生年金基金」という企業年金の制度があれば、企業年金連合会から年金を受け取れるかもしれない。同連合会は２００７年、60歳以上の受給資格者の約3割に当たる１２４万人が請求しておらず、その額は１５００億円を超えることを明らかにしているのだ。

自前の履歴書を書き終えたら、初めて特別便と照合する（Ｐ１０２図参照）。「特別便に書かれた分しか年金はない、と思い込むのを防ぐため」だ。名前の読み方を役所に間違われたり、結婚時に違う番号を割り振られたりした場合などは記録に出てこない。つまり「宙に浮いている」可能性があるのだ。

まずは名前の漢字が年金手帳などと同じかを確かめる。年金手帳はサラリーマンの場合、現在の勤務先が保管しているケースが多い。さらに、アルバイトも含めたこれまでの勤め先、資格を取得した年月日、転職経験などがあれば資格を喪失した年月日、それと、加入月数などを確認していく。

次は空白期間の有無。転職経験などで複数の年金記録がある場合、その記録の日付がつながっているかどうか。空白だと記録上は年金保険料が支払われていないことになる。「働き続けていたのに」という場合は事業主が届けを誤ったか、番号を統合されていないことが考えられる。20歳以降の学生時代などに加入していた国民年金が空白になっていないかも忘れずに。

加入月数は、資格を取得した年月を起点とし、特別便の作成月の前月（現役世代は2008年5月）までを合計する。途中で資格を失った年金については、その前月までが月数にカウントされる。図のB（P102）は、国民年金への加入月数で、Aは実際に保険料を納めた月数を示す。つまり、B－A（4カ月）が保険料を納めていなかった月数だ。

自分の年金履歴書と適合しない点があれば、特別便に同封された「年金加入記録回答票」に記入して返送する。当時、し忘れていたことに今気づいたら、すぐに年金事務所に出向こう。

**●厚生年金は日本年金機構ホームページで確認**

「一応オッケーだな」

秋吉はひとまず安心した。だが、気掛かりな点がまだあった。かつて話題になった「消された年金」。まさに自分が加入している厚生年金にかかわるので不安だ。

厚生年金の保険料は給与の額によって決まり、事業主と個人が折半で負担する。「消された年金」は、保険料の負担を減らしたい事業主が給与の水準を少なめに改ざんしたり、徴収成績を上げるため旧社会保険事務所がそれに手を貸したりして起きた。本人が気が付かないまま数十年間、保険料を払い続け、本来受け取れるはずの月額より3万～5万円も減ってしまった例もある。

「ったく、許し難いよな。ただでさえ老後は厳しいだろうに」

旧社保庁のずさんな管理に舌打ちしながら秋吉は特別便をにらむ。自分の正しい給与水準が反映されたかのチェックは、特別便ではできないが、年金事務所に問い合わせるか、日本年金機構のホームページ（http://www.nenkin.go.jp/）上にある「年金個人情報提供サービス」で確認する。登録してIDとパスワードを取得するのが前提だ。ポイントは昇進や転職など「給料が変わったとき」。ここを重点的にチェックしよう。

「正しい記録を入手できればひと安心だな」

秋吉は昼休み中に手続きをとり、心置きなく午後の仕事に入った。

### ●健康・家計　考慮も必要

「年金って、繰り上げてもらえるんだね」

久しぶりの同窓会から帰った60歳の福沢大吉が春子に言う。再就職せず早々とリタイアした同級生は年金をもらい始め、生活も楽だという。

国民年金（老齢基礎年金）を受け取れるのは原則65歳から。でも請求すれば、受給開始を60歳から64歳の間で1カ月単位で繰り上げられる。その代わり、受け取る年金額は本来より低い水準になる。1カ月繰り上げるごとに、本来の受取額より0・5％減る。例えば60カ月繰り上げて60歳から受け取るようにすると、年金額は本来の30％減。この30％減の年金額が生涯続く。

生活が苦しい場合は別だが、長生きしそうだと思ったら繰り上げはしない方が賢明だ。本来の年金額を65歳からもらう場合と、30％減の年金を60歳からもらう場合を比べると、76歳ごろまで生きれば前者の方が受取総額が大きくなる。他にも不利な点が多い。例えば、繰り上げの請求後に重い障害状態になったとしても、障害基礎年金をもらえない。

反対に国民年金は繰り下げも可能。66〜70歳の間で選べ、1カ月繰り下げるたびに、本来より0・7％増える。70歳からもらい始めると、年金額は本来の42％増しだ。本来の65歳と、70歳に繰り下げた時の受取総額が同じになるのは82歳ごろ。最近は長寿化により、65歳時に存命中の男性の平均死亡年齢は83歳に延びている。あくまで統計上の話だが、平均的には繰り下げを選んだ方が有利になる計算だ（P105参照）。

65歳から受け取る厚生年金も国民年金と同様、70歳までの間で繰り下げが可能。

加算率も国民年金と同じだ。ただ、繰り下げにも不利なケースがある。例えば厚生年金に加入する夫が59歳で、その妻が4歳年下だとする。夫が年金をもらい始める65歳のとき（妻は61歳）、男性や妻の収入が高額でないなど一定の要件を満たすと、「加給年金」という扶養手当が上乗せされ、妻が原則65歳になるまで続く。このケースではもらえるのは4年分だ。しかし、もし夫が68歳からの繰り下げを選んだとすると、繰り下げた3年分の加給年金はもらえなくなるのだ。

では公的年金を今から少しでも増やす方法はないだろうか。国民年金は原則、保険料を払うのは60歳になるまで。でも「任意加入」を利用すると、最長で65歳になるまで払い続けることができ、その分、年金の受取額を増やせる。例えば65歳になるまで任意加入すると、この間の支払保険料は合計で約90万円。一方、これに応じて上乗せされる年金は年額で約10万円。65歳以降、9年ほど生き続けていれば元が取れる計算だ。

自営業者やフリーランスなど、国民年金だけに加入している「第1号被保険者」には「付加年金」がある。通常の月々の保険料に400円を追加で払うと、「払った月数×200円」分の年金が将来上乗せされる。例えば10年間だと、追加の保険料は合計で4万8000円。一方、受取額は年2万4000円の上乗せになるので、2年間受け取り続ければ元は取れる。

## ●子の有無や年齢で違い

「一家の大黒柱にもしものことがあったときのために」と、民間の生命保険に月々4万円もの保険料を払い続けてきた福沢家。しかし春子はふと考える。

「そもそもこんなに払う必要があるのかしら……」

そこで夫の大吉に内緒で、公的年金版の生命保険ともいえる「遺族年金」の仕組みを調べてみた。

会社員の夫が亡くなった場合、18歳までの未婚の子どもを持つ妻は、「遺族基礎年金」と「遺族厚生年金」の両方を受け取れる。遺族基礎年金は保険料を納めた期間にかかわらず年79万2100円の満額がもらえる。これに、子どもが一人なら22万7900円、二人なら45万5800円が加算される。

遺族厚生年金は夫の収入によって異なり、夫の年金の報酬比例部分の4分の3が基本。平均月収が40万円だった夫が加入30年で亡くなった場合は、110万円（P103参照）の4分の3で約83万円だ。基礎年金との合算では約185万円（子ども一人の場合）。月額で15万円強と、決して少ない金額ではない。不安なあまり高額の民間保険に入る前に、公的制度でもらえる額を把握しておくべきだ。

該当する子どもがいない場合に妻が受け取るのは遺族厚生年金のみ。これに妻の年齢などの条件によって「中高齢の寡婦加算」や「経過的寡婦加算額」が上乗せされる（P107参照）。

中高齢の寡婦加算は夫が死亡時に妻が40歳以上の場合が対象で、64歳まで支給される。遺族基礎年金をもらっていた妻も、子どもが18歳以上になったために受給が終わった時に40歳以上になっていれば、代わりに受け取れる。定額で59万4200円だ。

経過的寡婦加算額は、自分の基礎年金の少ない専業主婦が自分の年金を受け取る65歳以降にもらえる。生年月日によって異なり、60万円弱から2万円弱の間だ。07年度の法改正で夫死亡時に子どものいない30歳未満の妻への遺族厚生年金の給付は5年の期限が設けられた。また、850万円以上の年収のある妻は遺族厚生年金ももらえないなど条件があるので、該当する場合にはやはり年金事務所などで確認してみよう。

## ●1万9800円×加入年数

2008年10月、話題の「ねんきん特別便」を手にした団塊ジュニアの福沢秋吉。

「これがボクの年金か……」

感慨にとらわれたのもつかの間、重大な点に気が付いて思わず叫んだ。

「これじゃ、一体いつから、いくらもらえるかがわからんじゃないか！」

「ねんきん特別便」でわかるのは年金の加入記録だけ。保険料を決める基になる標準報酬月額や、肝心の「いくらもらえるか」についての情報はない。２００９年4月から全加入者を対象に始まった「ねんきん定期便」からは、標準報酬月額や将来のおよその年金額見込み額がわかっている。

その内訳を知るべく、まずは公的年金の仕組みを理解しよう。よく「年金制度は3階建て」といわれるが、１階と2階が公的年金で、3階は企業などが上積みをする私的年金だ。

ベースの1階部分が国民年金（基礎年金）。国内に住む20歳以上60歳未満のすべての人が加入するのが前提。自営業やフリーランス、無職の人など「第1号被保険者」は、基本はこの1階部分だけなのでその額がわかればいい。中には任意で国民年金基金や個人型の確定拠出年金に入っている人もいるので、その分は別途計算する。

サラリーマンや公務員など「第2号被保険者」には2階、3階部分がある。2階部分はサラリーマンが「厚生年金」、公務員が「共済年金」だ。ここでもらえる額は現役時代の報酬額によって決まる。3階部分は公務員の場合、「職域加算」と呼ばれ、全員が自動的に加入している。サラリーマンの場合は会社ごとに制度が異なり、3階部分がない会社もある。第2号被保険者に扶養される配偶者は

「第3号被保険者」で、もらえる年金は基礎年金が基本だ。さらに家族手当的な加算額も付く。まず土台の基礎年金の額は加入期間に比例する定額制なので計算は簡単。最長の40年加入したときの年金額は満額の79万2100円。加入1年当たりでは約1万9800円（79万2100円÷40年）で、加入が1年増えるごとに将来の年金額はこれだけ増える。例えば30年加入すれば59万4000円だ。ただここで重要なのが、公的年金の「25年ルール」。国民年金、厚生年金、共済年金を合わせて原則、最低25年加入しないと1円ももらえない決まり。たとえ24年間加入でも掛け捨てになってしまうのだ。つまり、国民年金の保険料を全額（2010年現在は月に1万5100円）納付した人の年金額は最低が25年の49万5000円（1万9800円×25年）だ。

中にはこの最低額を下回る人もいる。経済的に困難で保険料の一部や全部の免除を受けた人や、国民年金への加入が義務付けられた1986年より前に専業主婦だった人などだ。加入期間にはカウントされるので「25年ルール」は満たせるが、払った保険料が少ない分、将来もらえる年金額は減額される。

**●加入期間や月収から計算**

会社員が加入する厚生年金の場合、基礎年金の額に、在職中の給与に応じて決まる「報酬比例部分」を足す。報酬比例部分は、基本的には「加入期間」と「その間の平均月収」の二つで計算する。もし自分でこれを計算しようとすると、くせ者なのが「平均月収」。正式には「平均標準報酬（月）額」というが、そもそも入社から退職までの給与の記録がすべて正確にわからないといけないし、たとえわかったとしても、計算には昔の給与を現在価値に引き直す「再評価率」など複雑な数字を使う。現実的には自分では正確に計算できないと考えた方がいい。そこで、およその年金受取額がわかる早見表を参考にしたい（P103）。

例えば勤めた年数が38年で、その間の平均月収が40万円くらいだと思う人の年金額は、厚生年金が139万円で、基礎年金と合わせると214万円となる。この場合の平均月収は、生涯にわたる単月の給与（賞与を含まず）を平均したものと考える。正確な平均月収は当然、定年間際にならないとわからないが、おおよそであれば、37～38歳ごろの月給が一つの目安となる。あくまで現行の制度に基づいた、現在のお金の価値による計算だ。どんな高給取りでも計算上の平均月収は62万円が上限になる。たとえ月100万円もらっていても計算上は62万円で頭打ち。保険料も比例して増えない代わり、将来もらえる年金も現役時代の給与ほど多くはならない。

50歳以上の人なら日本年金機構に「年金見込み額」を試算してもらうのが最も

確実。年金事務所やねんきんダイヤル、ホームページなどから申し込み、郵送や電子文書などで回答をもらう。一方、50歳未満の人は今後の働きぶりや物価水準など未知数が多く正確な試算はできない。おおよそのメドを立てるのであれば、まずは同じ日本年金機構のホームページから「年金個人情報提供サービス」を申し込み、IDやパスワードを取得するといいだろう。自分のパソコンからアクセスすると加入歴や今までの標準報酬月額がわかる。その上でやはりホームページ上の「年金簡易試算」で平均月収や加入期間を入力すると一定のメドはつく。ただ、あくまで仮定の計算。特に若い人は出てきた数字をだいぶ割り引いて考えるべきだ。

「いつからもらえるか」については、P104を見てほしい。2008年の4月1日までに67歳になった男性までは、60歳から満額が支給されていた。これが一部分ずつ、徐々に支給年齢が繰り下げられており、2010年現在、60歳の定年を迎える男性が定年直後にもらえるのは報酬比例部分のみで、満額を受け取るのは65歳になる。さらに49歳より若い男性は65歳以前にもらえる年金はゼロになる。女性の場合は男性より5年遅れのスケジュールになっている。

## 自前「履歴書」と「特別便」を照合

### ねんきん特別便　年金記録のお知らせ

150－00XX

渋谷区〇〇5－6－305

福沢　秋吉 様

-007162#　01/02
-01-NNG　48　007347
15350　200-392011949
14504000022343422

社会保険庁でわかっているあなたの年金記録は表のとおりです。「もれ」や「間違い」がないか、十分にお確かめください。ある場合も、ない場合も、必ずご回答をお願いします。

なお、表の記載では、厚生年金の標準基礎月額、国民年金の給付・支給の実績などはお表しできていませんので、少しでもご心配のある方は、「ねんきん特別便専用ダイヤル」等にお問い合わせください。

| ①基礎年金番号 |
|---|
| 2×××－××××× |

・生年月日　昭和50年 12月 10日

・作成年月日　平成20年 6月 10日

漢字を含め、正しいかどうか

確認・問い合わせで必要な番号

（あなたの加入記録）

| ②番号 | ③加入制度 | ④お勤め先の名称または共済組合名等 | ⑤資格を取得した年月日 | ⑥資格を失った年月日 | ⑦加入月数 |
|---|---|---|---|---|---|
| 1 | 国年 | 国民年金 | 平成　8. 4. 1. | 平成　10. 4. 1. | 24 |
| 2 | 厚年 | 株式会社　ダケタ製薬 | 平成　10. 4. 1. | | 122 |
| | | (厚生年金基金加入期間 | 平成　10. 4. 1. | | ) |

資格の取得・喪失期間に空白はないか

| ⑧国民年金 | | | | | | | ⑨厚生年金保険 | | ⑩船員保険 | | ⑪年金加入期間合計（⑧+⑨+⑩） |
|---|---|---|---|---|---|---|---|---|---|---|---|
| 納付済月数 | 全額免除月数 | 4分の3免除月数 | 半額免除月数 | 4分の1免除月数 | 学生納付特例月数等 | 計 | 加入月数（基金） | 加入期間（基金） | 加入月数 | 加入期間 | |
| 20 | 0 | 0 | 0 | 0 | 0 | Ⓐ 20 | 122 (122) | 122 (122) | 0 | 0 | 142 |
| 国民年金の加入月数の合計 → | | | | | | Ⓑ 24 | | | | | |

| ⑫共済組合等加入月数 | ⑬合計加入期間（⑪+⑫） |
|---|---|
| 0 | 142 |

⑭備考欄（特例扱いの期間等）

通知受取時の年金加入期間（月数）

Ⓐ≠Ⓑの場合、Ⓑ－Ⓐが未納月数

※このお知らせの見方については、リーフレットの2～3ページをご覧ください。

## あなたの年金受取額は？

| 平均月収 | 20万円 | 30万円 | 35万円 | 40万円 | 45万円 | 50万円 | 60万円 | 62万円～ |
|---|---|---|---|---|---|---|---|---|
| 加入年数 1年 | 4万円 | 5万円 | 5万円 | 6万円 | 6万円 | 6万円 | 7万円 | 8万円 |
| | 2万円 | 3万円 | 3万円 | 4万円 | 4万円 | 5万円 | 5万円 | 6万円 |
| 5年 | 19万円 | 24万円 | 26万円 | 28万円 | 30万円 | 33万円 | 37万円 | 38万円 |
| | 9万円 | 14万円 | 16万円 | 18万円 | 21万円 | 23万円 | 27万円 | 28万円 |
| 10年 | 38万円 | 47万円 | 52万円 | 56万円 | 61万円 | 66万円 | 75万円 | 76万円 |
| | 18万円 | 27万円 | 32万円 | 37万円 | 41万円 | 46万円 | 55万円 | 57万円 |
| 25年 | 95万円 | 118万円 | 129万円 | 141万円 | 152万円 | 164万円 | 187万円 | 191万円 |
| | 46万円 | 69万円 | 80万円 | 91万円 | 103万円 | 114万円 | 137万円 | 142万円 |
| 30年 | 114万円 | 142万円 | 155万円 | 169万円 | 183万円 | 197万円 | 224万円 | 229万円 |
| | 55万円 | 82万円 | 96万円 | 110万円 | 123万円 | 137万円 | 164万円 | 170万円 |
| 35年 | 133万円 | 165万円 | 181万円 | 197万円 | 213万円 | 229万円 | 261万円 | 268万円 |
| | 64万円 | 96万円 | 112万円 | 128万円 | 144万円 | 160万円 | 192万円 | 198万円 |
| 38年 | 145万円 | 179万円 | 197万円 | 214万円 | 232万円 | 249万円 | 284万円 | 291万円 |
| | 69万円 | 104万円 | 122万円 | 139万円 | 156万円 | 174万円 | 208万円 | 215万円 |
| 40年 | 152万円 | 189万円 | 207万円 | 225万円 | 244万円 | 262万円 | 299万円 | 306万円 |
| | 73万円 | 110万円 | 128万円 | 146万円 | 165万円 | 183万円 | 219万円 | 227万円 |

上段は基礎年金との合算額（国民年金の受給資格は満たしているとする）
下段は厚生年金のみ。62万円は標準報酬月額の上限。従前額の保障規定によって計算
社会保険労務士・井戸美枝さんの試算

あなたはいつからもらえる？

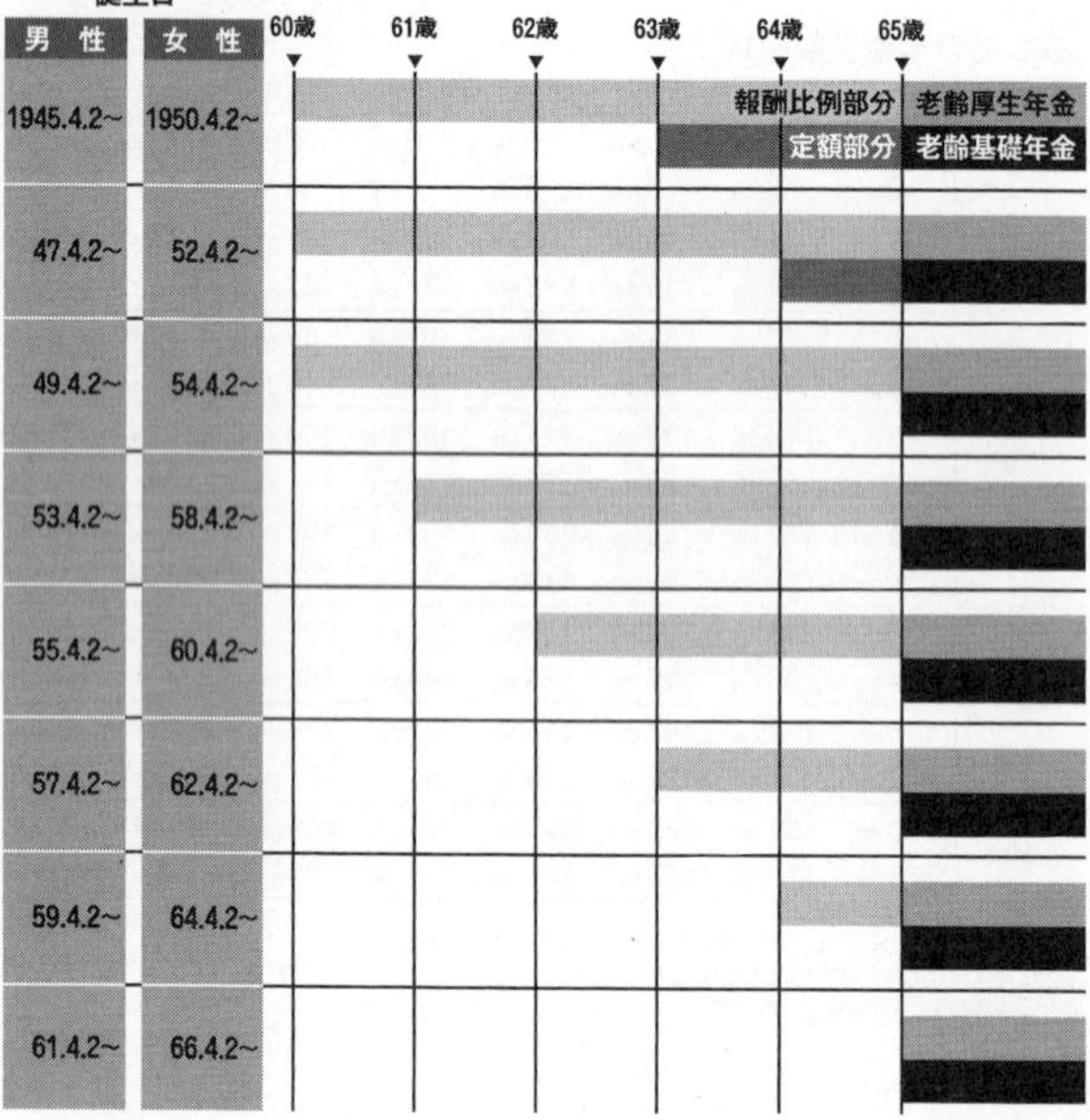
誕生日
男 性
女 性
60歳
61歳
62歳
63歳
64歳
65歳
1945.4.2〜
1950.4.2〜
報酬比例部分
老齢厚生年金
定額部分
老齢基礎年金
47.4.2〜
52.4.2〜
49.4.2〜
54.4.2〜
53.4.2〜
58.4.2〜
55.4.2〜
60.4.2〜
57.4.2〜
62.4.2〜
59.4.2〜
64.4.2〜
61.4.2〜
66.4.2〜

**老齢基礎年金の受給時期を繰り上げや繰り下げすると…**

| 受給年齢 | 支給率 | 損益分岐年齢 | 受給年齢 | 支給率 | 損益分岐年齢 |
|---|---|---|---|---|---|
| 60歳からに | 70.0% | 76歳8カ月 | 66歳からに | 108.4% | 78歳ごろ |
| 61歳 | 76.0% | 77歳8カ月 | 67歳 | 116.8% | 79歳ごろ |
| 62歳 | 82.0% | 78歳8カ月 | 68歳 | 125.2% | 80歳ごろ |
| 63歳 | 88.0% | 79歳8カ月 | 69歳 | 133.6% | 81歳ごろ |
| 64歳 | 94.0% | 80歳8カ月 | 70歳 | 142.0% | 82歳ごろ |
| 65歳から（通常） | 100.0% | | | | |

1941年4月2日以降生まれの人で試算

## 転職したら企業年金は？

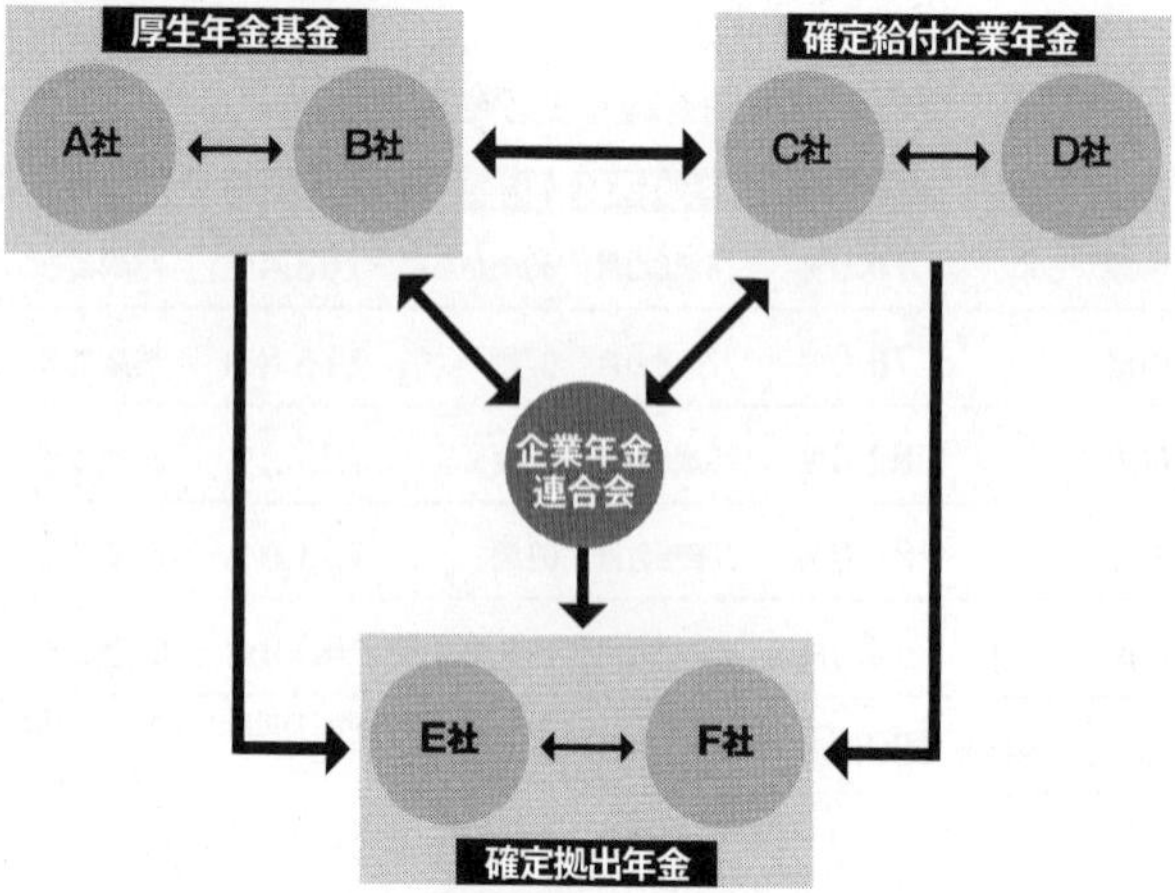


矢印は年金資産の移管が可能（受け入れ側の体制が整っているのが条件の場合もある）

## 遺族年金の仕組み

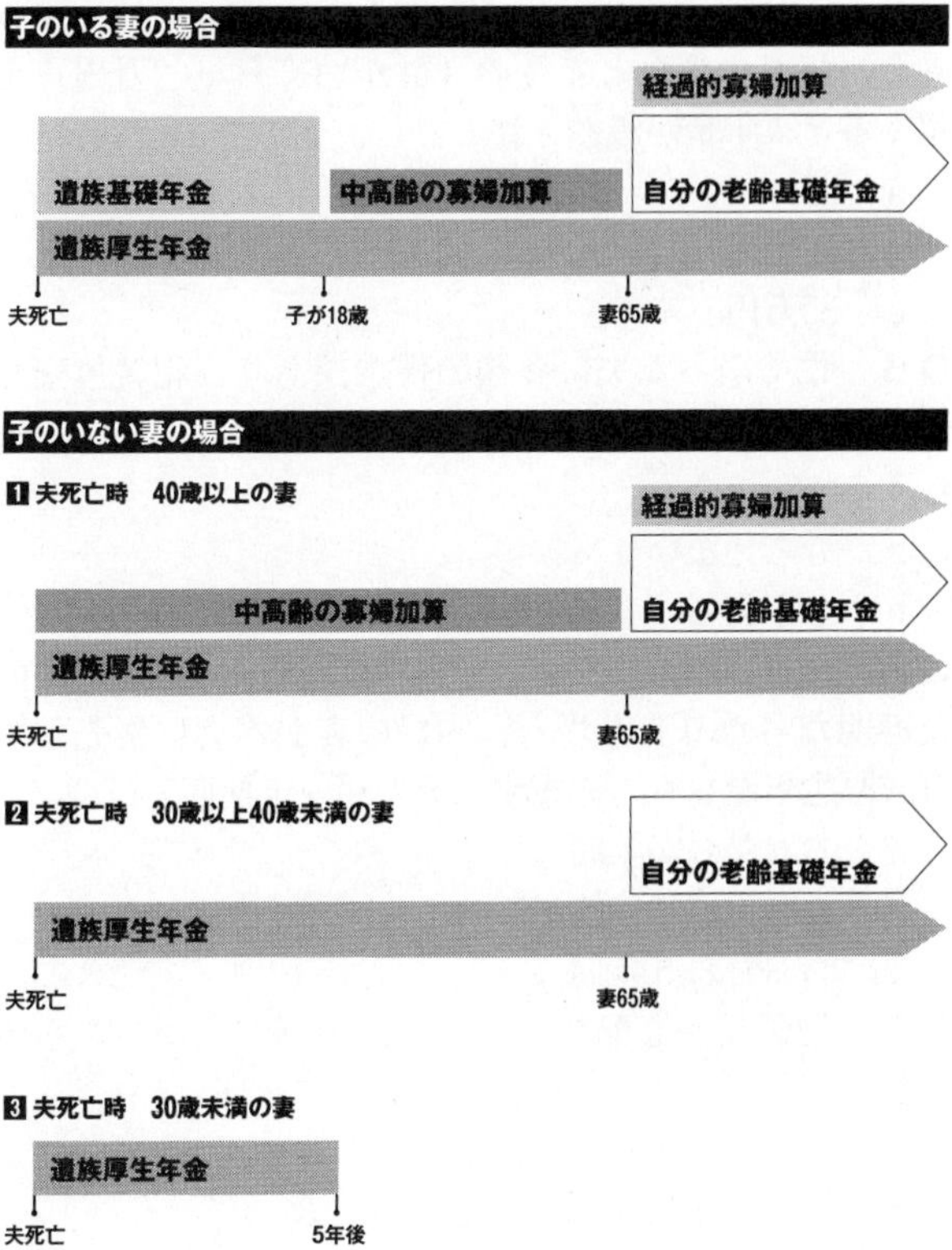


妻には厚生年金加入期間のないケース

c．4分の3

**Q5**　60代前半で、定年後も働き厚生年金に加入する場合、毎月の賃金と年金の合計がいくら（○万円）を超えると、年金が減額されるでしょうか？

a．28万円
b．30万円
c．35万円

**Q6**　亡くなった夫に多額の借金があり、相続放棄した場合、その妻子は遺族基礎年金や遺族厚生年金をもらえるでしょうか？

a．もらえない
b．もらえる

**Q7**　夫が本妻に対して一定期間音信不通だったり所在不明だったりした場合、内縁の妻が本妻に優先して遺族厚生年金をもらえます。その「一定期間」は？

a．おおむね20年間
b．おおむね10年間
c．おおむね5年間

**Q8**　物価高が心配です。将来、物価が上がったら年金額はどうなりますか？

a．増えるが物価上昇ほどではない
b．物価に連動して増える
c．決まった額で増えない

（答えはP110〜111に掲載）

# 番外編・あなたの年金こう守る
# ——年金クイズに挑戦!

**Q１**　約20年後に65歳になる世代の年金は、現役時代の賃金の約何割？

　a．６割
　b．５割
　c．４割

**Q２**　主婦のパートでも年収が一定額を超えると厚生年金保険料がかかり、総合的に見た世帯収支にはかえってマイナスになることもある。その一定額とはいくらでしょう？

　a．100万円
　b．103万円
　c．130万円

**Q３**　24年間のサラリーマン生活の後、独立して自営業者になりました。将来、厚生年金は……？

　a．もらえない
　b．必ずもらえる
　c．もらえるが条件がある

**Q４**　熟年離婚した夫婦。離婚から２年以内に年金事務所などに届け出ると、妻は最高でどれだけ、老齢厚生年金を分割してもらえるでしょう？

　a．４分の１
　b．２分の１

る場合は速やかに。

**A５**　a　年金月額と総報酬月額相当額（月給と賞与の12分の１）の合計が28万円を超えると、一定の数式で年金が減額される。総報酬月額相当額が47万円を超えるとさらに減額の算出方法がかわり、減額金額が年金月額を上回ると年金支給が停止になる。

**A６**　b　年金は財産とは違うので、財産の相続を放棄しても、遺族年金を受け取ることはできる。ただし妻の年収が850万円を超えると権利がなくなる。

**A７**　b　おおむね10年間。場合によっては５年程度でも内縁の妻の方が優先されたケースも。

**A８**　a　民間の個人年金商品と比べた場合の公的年金の利点は、物価や賃金の上昇につれて年金額も増える仕組みがあること。自分が払った保険料が将来の原資になるのではなく、現役世代の保険料を充当する「賦課方式」ならではだ。ただ、物価の上昇ほど年金額は伸びない。物価の伸びから「スライド調整率」と呼ばれる一定の数値を差し引いた分が年金の伸び率になる。

# 年金クイズの答え

**A１**　b　現役時代に平均的な給与で、長年専業主婦の妻がいるモデル世帯で見ると、今の受給世代の年金は月約23万円と、現役男性会社員の平均手取り月収の約６割。これが今後20年かけて徐々に約15％減額され、将来は現役時代の賃金のギリギリ５割しかもらえなくなる。

**A２**　c　「第３号被保険者」の専業主婦は、年収が103万円以下なら、自分で保険料を払わなくても基礎年金をもらえる。ただ年収が130万円を超えると夫の扶養から外れ、自分で社会保険料を払わなくてはならず、約16万円の負担増になる。夫の勤務先からの「扶養手当」などもなくなることが多く、世帯全体では収入減になりかねない。130万円超なら、手取りが保険料の負担分を上回るように、少なくとも150万円程度の収入を目指そう。

**A３**　c　公的年金は原則、加入「25年」の最低線をクリアしないと１円ももらえない。24年間の会社勤務を終えた後、少なくとも１年以上国民年金に加入すれば、厚生年金をフイにしないで済む。

**A４**　b　分割比率は基本的には夫婦で協議して決める。08年４月以降の専業主婦期間については届け出だけで自動的に２分の１が妻のものになるようになった。離婚から２年たつと原則時効なので、分割請求す

# ③定年世代のお金事情編

親の介護

# お金の分かれ目、介護度認定

「もうちょい、老けて見せたほうがいいかね」さっきから鏡の前で矯《た》めつ眇《すが》めつしているのは福沢千代、86歳。

「……十分だよ」

息子の福沢大吉はつぶやきを胸の内だけに抑え、母に声をかける。

「ホラ、もう来るよ。試験の人」

今日は千代の要介護認定の訪問調査の人が来る日なのだ。起き上がりに手助けが必要か、寝返りは、服の脱ぎ着はどうか。公的介護保険でどの程度の介護を受けられるかが、この訪問結果にかかる。およそ半年に一度のこの〝試験〟を千代はソワソワと迎えるのが常だった。何事も受験にはコツがいる。いい格好をしようと何でも「できます」と言うのは禁物。

「時間をかけないと、できない」

「手助けがないと、できない」

という消極姿勢が正しい答弁のあり方だ。大正モダンガールのプライドが邪魔をするが、この応答次第で保険で払われるお金が数万円刻みで変わる、とあっては背に腹は替えられない。

特に、要介護友達の間でも「天と地の差だぁーねー」と話題なのが、「要介護」に分類されるか、それよりも軽度の分類の「要支援」になるかの線引きだ。軽い順に「1」から「5」までの「要介護」分類なら一番重い「5」で月約36万円分、「1」でも約16万円分の在宅介護サービスが保険で受けられる。これが「要支援」分類だと最大でも月10万円強と約6万円違う。いずれも利用料は1割が本人負担で、残りが公的介護保険から支払われる。

額以上に使い勝手もこの境目で大きく違う。例えば、自宅に来て料理や掃除をしてくれるヘルパーさんの訪問回数も、要支援は要介護よりぐっと減る。もちろん自費で払えばいいのだが、1時間1500円程度として1回2時間週3回で月3万6000円。年金暮らしの懐に響く。以前、認定訪問の際、張り切ってピンシャンして見せて「要支援」〝格下げ〟の目にあった千代は、今の「要介護1」を死守すべく、

「もっと老けて見せようか」

などと言っているのだ。

人生の最終コーナーまで、何とも世知辛《せちがら》いが、これがこの国の介護の現実だ。

「だから、日本人はいくらお金ためても安心できないんだよなぁ」

慣れない手つきで千代にお茶を入れながら大吉は思う。女性が86歳、男性が79歳の平均寿命を持つ世界有数の長寿国ではそれだけ〝長生きリスク〟も大きい。80〜84歳では約3割、85歳以上では約6割の人が要介護状態になるらしい。介護にかかるお金は自宅か施設かなどでも全然違うが、最も重い要介護5だと自宅で家族がつききりで介護を担ってもさらに月7万5000円程度必要というデータがある。年100万円として10年で1000万円……。

子が親を扶養するのは、民法にも規定された義務。出し惜しむつもりはないが、実際自分もほぼリタイアの身。自らの老後が心配な年代だ。妻の春子が定期的に仙台に通って千代の面倒を見てくれていたが、この前からのギックリ腰で伏せっている。「老々介護」の不吉な四文字が頭をよぎる。

それでもまだ自分はいい方だ。千代の年金は比較的しっかりしているし、妹の葉子《ようこ》もいざという時の協力を申し出ている。それが秋吉の団塊ジュニア世代以降になると年金不安が大きいうえ、親の介護を分担できる兄弟も少なくなる。例えば隣の夏目家では未婚の一人娘、百子が両親二人の面倒を見ることになるのだろうか……。もし一人っ子同士で結婚すれば二組、四人分の親の介護がのしかかる。

その負担を広く分散して支えるのが社会保障制度の仕組みだが、社会全体でみても少子化が進む「日本家」はアップアップだ。65歳以上の高齢者人口は今の約20%からあと50年で2倍の水準になるという。三人で一人の高齢者を支えている土台が「一・二人で一人」に減るのだ。

社会保障が盤石でない以上、個人が自助努力で備えなくてはならない。世界自動車のかつての同僚で、退職金から約150万円を出して、民間の一時払い終身介護保険に入ったやつがいた。これで万一の時に月5万円程度が死ぬまで入るらしい。退職金で世界一周旅行に行こうとしていた大吉は、その時はバカにしたものだが、今では「それもありかも」と思う。

「税金や保険料で取られたうえに自助努力も必要とはね」

大吉は独り言ともつかぬ口調でこたつに並ぶ千代に話しかける。

「低福祉低負担か、高福祉高負担か……どっちがいいのかねえ」

「えっ、なんだい⁉　ダイフクがどうしたって？」

ぼけたふりの練習か？　それとも……。母さん、ずいぶん元気になったよな。いつまでも元気で！

# 心15得

## 要介護認定の基準を緩和

2009年４月に導入された要介護認定の新基準の不備を改め、10月に再び新しい基準での認定が始まった。要介護度に応じて介護保険で利用できるサービス内容が異なるので、不満がある場合は不服申し立てをする必要がある。

## 介護者の３割は男性

男性読者の中で「介護は女性の役目」などと他人事《ひとごと》のように構えている人はいないだろうか。ところが実際は2004年時点で介護をする人のうち男性の割合は約３割。都市部ではさらに多く、三人に一人というデータがある。当然仕事との両立が課題になるが、まずは法律で最長93日まで認められている介護休業制度を利用して、集中して介護環境の土台を作る方法もある。

親の介護

# 明日は我が身の「終の棲家」問題

「あとは、保険証と」

退職に向けて着々と準備を重ねた頃を、福沢大吉はふと思い出す。退職日に健康保険証を会社に返したあと、五つほど選択肢があると言われた。だが、当面は雇用延長で働くから会社の健康保険に入れるという。

「秋吉の扶養家族だなんて、保険料くらい、ちゃんと払えるよ」

夏目百子に、もし仕事をしないなら、息子さんの扶養者になるといいとアドバイスされ、思わず声を荒らげたのもついこの間のように思う。保険料を負担せずに健康保険に入れると言われても、息子の世話になるなんて、プライドが許さない。いずれにしても手続きはすぐにすること。再雇用されたら入社日から5日以内、と言われたのだ。遅れると、その間の医療費が全額自己負担になったり、保険料をさかのぼって請求されたりするらしい。大吉は携帯電話のカレンダーにしっかりメモした。高血圧に高脂血症と、健康保険にはお世話になっている大吉なのだ。

そんなある日、仙台に住む大吉の母、千代が病院に担ぎ込まれたという。

「ええっ、母さんが、倒れた⁉」

慌てて大吉と春子が仙台の病院に駆けつけると、千代が点滴をつけてベッドに横になっている。

「頭いでって言っただけなのに、大げさだっちゃ」

千代は言う。だがベッドにいる千代はびっくりするほど小さく、頼りなく見えた。血圧は高いものの、てっきり元気に暮らしていると思っていたが、千代ももう86歳。幸い、大事ではなかったが、栄養の偏りがひどく、ひざの痛みも強いようだと医師に言われた。聞けば、昨冬に転んでからひざが痛く、コンビニのおにぎりやパンばかり口にしていたのだという。風呂につかりながら大吉は母を思う。母親が一人になったときから、こんな日が来ることはわかっていた。妹の葉子は海外にいるから、母の面倒をいずれ、自分が見るとも思っていた。

「お母さん、前からいざとなったらホームに行くって言ってたわ」

大吉はニューヨークにいる葉子にスカイプ（IP電話サービス）で報告すると、思わぬ答えが返ってきた。千代が検討していたのは入居一時金がかからないが、月に17万円くらいを支払うタイプ。入居時に数千万円ものまとまったおカネはつくれないから、できる範囲のものを考えたのだろう。母は母なりに不安を感じ考えていたのかと思うと……。

千代は要介護1。身の回りのことはできるが、体の不調から不安が募り、ホームに入った方がいいのではないかと思い始めたという。老人向けの施設は、ある統計では18種類にも分類され、有料老人ホームだけでも健康な人向けの健康型や介護を必要とする人の介護付き、住宅型などがある。分譲マンションに介護サービスがつき、自分の自由度がかなり高いタイプも増えてきていることがわかった。有料老人ホーム選びをサポートしてくれる企業もいくつかある。個別の施設名や住所は市や区役所に問い合わせる。ただ、肝心のサービス水準は不明。

1都3県の首都圏には、高齢者向けの住宅や施設数は約5250カ所、28万戸余りあるという。有料老人ホームはそのうち約5万7500戸。

「お母様のご希望だと、介護付き有料老人ホームか、介護棟のある住宅型でしょうか」

と物腰の柔らかい男性が説明してくれる。確かに元気なうちは自活し、介護が必要になったらホームに入居するという人が多いそうだ。

「でもいい所は最初に入居一時金が何千万円もいるんだろう?」

大吉が聞くと、

「15年くらい前は3000万円とか1億円とか聞きましたが、今は5000万円程度ですよ」

と言う。介護付き有料老人ホームで一時金不要、利用料などは月に17万〜18万円くらいというタイプも増えた。手持ち資産のどのくらいを一時金に充てていいものだろう。

「仮に2000万円お持ちなら入居一時金では1000万円まで。手持ちの半分ですね」

とコンサルタントの人が目安を教えてくれた。

「月額料金は年金を充てられる方が多いです」

とも。確かに月額利用料では15万円くらいから20万円前後の設定が多い。虎の子で残した預貯金で、手術や入院に備える。千代には父の遺族年金もあるから、月額30万円近くの年金があるはず。ありがたいことに月々の料金をあまり心配せずに、使い心地がいい所を選べそうだ。

千代の貯金の1000万円の半分、500万円の一時金で収まる施設から探し始めよう。昔と違い、最近は家を手放して入居する人は減っている。500万円くらいなら子どもたちが出し合って工面できるとも。

都内のホームなら、もし何かの時も安心……千代の上京を考える大吉だった。

# 心16得

## 自分に加えて親の介護も現実に

### ▶健康保険切り替えはすぐに

新しい勤め先の健康保険に入ったり、家族の健保の被扶養者になったりする場合は原則５日以内に。すぐに再就職しない人などは健康保険の任意継続か国民健康保険かを選べるが、保険料の算出方法がそれぞれ異なるうえ、自治体によってもまちまちなので保険料との見合いで選ぶ。どの制度でも医療機関の窓口での自己負担は３割。

### ▶定年世代は親の介護世代

社団法人全国有料老人ホーム協会（東京・中央区）によると、介護が必要な「要介護」が入居条件のホームの場合、入居時の平均年齢は83歳。今は在宅介護サービスを使いながらぎりぎりまで自宅で生活してから施設へ入居する人が多くなっている。定年前後に親の介護問題に直面するというケースも増えている。

親の介護

# よし！　遠距離介護だ。でも旅費が

「離れたくねぇんだ」

大吉の母、千代がズボンのひざを握りしめながら小さな声で、でもきっぱりと言った。

「今さら東京さ、来いって言われてもそりゃ無理だ」

「でも、母さん……」

大吉も春子も言葉を失ってしまった。

夜も遅くなり、とりあえずは保留にしてそれぞれの部屋で休むことにした。母親が一人になったときから、母が快適に暮らせるようにしてやるのは自分の役目だとも思っていた。ただ、東京での生活に母が加わるイメージだったのだ。まさか、千代がこんなに嫌がるとは。

「環境が激変すると急に心も体も弱ってしまう場合があると聞いたことがあるわ」

千代をかばうように春子が言う。

「どうするかな……」

天井を見つめながら大吉は考えるが、出るのはため息ばかり。

翌日、大吉が帰宅するなり春子が、

「ちょっと」

と手招きしてきた。

「お義母さんのこと、実家の母にも夏目さんにも相談したらね、やっぱり仙台にいたほうがいいって言うの」

夏目さんによると、あるお知り合いは息子夫婦にぜひにと招かれて大阪に行ったのに、引きこもりがちになってとうとう入院してしまったという。

「年をとると、新しい環境自体が想像以上のストレスになることがあるのね。新入社員にも今多いって言うじゃない。ご高齢なら、なおさら」と春子。

「母さんにおれたちがあわせるのが、一番なんだろうがなあ」

大吉がつぶやく。だがあと5年は働くつもりの大吉には、とっさに田舎に帰るという絵が描けない。

「じゃあ、お義母さんにあわせましょうよ。土日は私たちが仙台に行くの。まだ私たちは若いんですもの、遠距離介護で様子を見ましょう」

と春子。

「だってオレ、家事もできないし、交通費だってかかるし……」

大吉が言いかけると、

「夏目さんのお友達ね、お母さんの介護で1週間おきに、東京〜熊本を往復なさっていたんですって」

と春子が言う。航空会社には介護のために帰省する人向けの介護帰省割引がある。それでも往復約4万8000円。大吉には財布からも心身からも悲鳴が聞こえてきそうだ。

「仙台なら新幹線で2時間、往復で約2万円。日帰り旅行で1万3000円という旅行プランも見たことがあるわ」

と春子。

「その間に、仙台の家の近くの老人ホームも見学に行って、ケアマネジャーさんとも相談してお義母さんにとっていい施設を検討しましょうよ」

春子は夏目さんと先の対応策まで練っていた。自分の今後とも重なるのだろうが、「姑の介護なんてまっぴら」と介護離婚する妻もいるなか、有り難いことだ。大吉はますます春子に頭が上がらない。大吉が春子と共に母、千代に週末の行き来を提案してみると、千代も喜んでくれた。

「お義母さん、ヘルパーの回数も増やしましょうね」

春子が言うと、千代も、素直にうなずいた。別居なら買い物や調理の援助なども介護保険でまかなえるという。だが同居ではどうだろう。

「要介護前の援助が必要な段階が金銭的には意外な落とし穴かもな」

と、大吉は千代の件で思わぬ出費に気づいた。

今は自立している千代だが、本格的な介護が必要になったら、どのくらいの費用がかかるのだろうか。「1000万～2000万円未満」が最も多いというような調査を目にしたこともあった。老後資金500万円と考えていたけれど、有料老人ホームや病院を選ぶ人も今は多いし、家族の負担を減らそうとすればおカネがかかる。

千代のバッグからはみ出していたリバースモーゲージ（住宅を担保に月々の生活資金などを受け取り、所有者が死亡した時点で清算する仕組み）の案内が切なく、大吉は気づかないふりをしてしまった。いくつになっても子どもに負担をかけまいという親心だ。

当面の負担は交通費。大吉もまだ再雇用で働くとはいえ、毎週2万円、月に最低でも8万円の出費では、かなり厳しい。

「おばあちゃんに、介護費用を出してもらえばいいんだよ」

大吉の娘でファイナンシャルプランナー事務所に勤めている夏子がさばさばと言う。家計相談に来る家族の例では、介護される側が費用を持つことも少なくないのが現実だという。

できれば負担してやりたいと思う大吉だが、自分たちの老後への不安も拭えないと迷う。その晩、大吉はスカイプで妹の葉子と話してみた。

「お兄ちゃん、私ね、財産をあてにしていないといえば嘘になるけど、お母さんが快適に過ごせるように使ってくれる方がうれしいわ」

と葉子。

「でも、お袋の財産に手をつけるみたいで気が引けてな」

という大吉。

「違うよ、お兄ちゃんがお母さんの財産管理すると思えばいいじゃない。私は海外にいるし、後からお母さんの財産はもっとあったはずだなんて訴えたりしないわ」

と葉子。

「もちろん足りなければ、私も分担する」

金魚のフンのようにくっついていたあの葉子が、こんなことを言うなんて。財産を奪い合うのではなく、支え合える兄妹でよかった。大吉は千代のおかげで家族のきずなをしみじみと感じる。

「バリンッ」

大吉の心の静寂を破る大きな音で我に返ると、せんべいをかじる夏子の横顔があった。お気楽な娘をみて大吉は改めて気を引き締める。

「オレは自分の老後の絵はしっかり描いておかないとな」

# 心17得

## 要介護前の援助　思わぬ出費に

### ▶預貯金は医療のために

タムラプランニング＆オペレーティングの田村明孝社長は「いざというときのためにある程度のまとまった貯蓄は持っておくべきだ」と勧める。施設に入ればあとは介護保険でほぼまかなわれるから、貯金がなくても年金があれば大丈夫と思いがち。だが、実際は入院や手術など医療にかかわるお金がかかることがある。

### ▶遠距離介護、交通費などは親持ちも

ＮＰＯ法人「パオッコ」が遠方に住む親を持つ人を対象に調査（2001年）したところ、親のところに介護で帰省する場合、48%が費用の一部または全額を親からもらうと回答。親のお金を使うことに抵抗を感じる人も少なくないが、「それも介護の一部だと思えばいい」という。

医療費・保険

# 高齢者医療費の特効薬は？

「やあ、うまい。実にうまいなあ」

炊き込みご飯にタイのアラ汁、筑前煮。手づくりのごちそうを目の前に、福沢大吉は目尻を下げていた。春子が千代の介護で仙台に泊まり込んでいると聞き、夏目千石が自宅に招いてくれたのだ。

「久しぶりににぎやかな食事でうれしいわ」

と千石の妻、万由子がビールを勧める。

「しかし福沢さん、母上の件、大変だな。制度や手続きも勉強しておかないと、とっさに対処できないよなあ」

千石は我が身にひき付けた問題として興味があるようだ。

「いやまったく。そうだ百子ちゃん、民主党では後期高齢者医療制度（長寿医療制度）を変えるんだよね。そもそもこの制度、どんなものだっけ」

ちょうど家に帰ってきた千石の一人娘、百子に、これ幸いと大吉が質問する。

「高齢者だけを国民保険や健保から切り離して、２００８年４月から別の医療保険制度にしたんですよ」

と百子がグラスを置きながら言う。

現在、公的な医療保険は、企業の健康保険組合や、自営業者らが加入している国民健康保険、それに原則75歳以上の人の後期高齢者医療制度といった具合に、職業や年齢で複数の保険に分かれている。このうち新しくできた後期高齢者医療制度に加入しているのは、約１３５０万人。膨らみ続ける医療費を抑制したいという側面があり、彼らにも自分たちの保険料を負担してもらうのが原則だ。

「医療費（給付費）のうち、患者が病院窓口で支払う自己負担を除いて、残りの５割を税金、４割を健保などの現役世代の支援、残り１割を高齢者自身の保険料でまかなう仕組みです」

と百子。

「なるほど。でもなんか、えらく混乱してたよね」

と大吉。

「一つ目はまず、この高齢者の保険料負担です」

と百子が言う。保険料は加入者が平等に負担する均等割の部分と、所得に応じた負担の所得割の二つから成り立っている。

「当初は均等割に所得に応じた軽減措置などがなくて、不満が出ました」

と百子。例えば東京都の場合は均等割が年間3万7800円。これに、所得に応じた負担分である所得割が合算される。

「軽減措置の計算は、世帯の人数や所得に応じてずいぶん変わるからややこしいの」

と百子。例えば東京都在住の77歳のひとり暮らしの男性で、公的年金などの収入が年間168万円の人は、均等割部分は8・5割軽減されて5670円。所得に応じた部分の保険料は全額軽減されて、保険料は年額5600円だという。でも同じ条件で年金が171万円の人は、保険料が3万3400円。

「減額の境目になるところだと、保険料がずいぶん変わるね」

と大吉。

「万由子のように被扶養者で今までは保険料ゼロの人も払うのか？」

千石の問いに、百子が大きくうなずく。

「負担緩和措置で当初2年間は均等割負担は半額、所得割は無料だけれど、基本は全員負担だもの」

と百子。

「頭ではわかっても心理的に抵抗がある人はいるよなあ」

と大吉。

「それに保険料が年金からの天引きで徴収されたり、システムミスで誤って天引きされたりで反発も多かったね」

「確かこれでできた担当医制って、福沢さんのお母さんは使っているの？」

千石の問いに、

「ええ、母の実際の負担は月に６００円です」

と大吉。

「でも、医師にはずいぶん不評だったわ。ほぼ定額では適切な検査もできないって」

と百子。医療費抑制を目指したのだろうけれどなかなかうまくはいかない。

「ところで、健保などが高齢者医療に支援している金額、わかります？」

百子がクイズを出してきたが、続けて、

「答えは08年度で約2兆７５００億円です。前年度より18％以上増えてる」

と顔を曇らせる。

「この負担が重くて、解散に追い込まれる健保も相次いだんですよ」

厚生労働省によれば、07年度の国民医療費は34兆円。75歳以上の１３５０万人が、その３割を使っている。

「厳しいなあ。で、政府はどうしようというの？」

と大吉。

「企業や年齢でバラバラの保険を、地域ごとの保険に再編成する地域医療保険構想というのがあるそうですね」

と百子。ばらつきのある保険料をならして、保険料負担の格差を解消するのが目的だというけれど……。

「医療費負担はこのままだと25年に56兆円という試算もあって、医療改革は急務ですよ」

と百子。

「安心して医療サービスは受けたいし、子ども世代に迷惑はかけたくないし」

と万由子がため息をつく。

「そう、だから福沢さんもお父さんも、お酒はおしまい。健康管理も、今できる対策よ」

百子がおちょうしを取り上げると、

「ああっ、まだ残ってる！」

最後の一滴を名残惜しそうにおちょこに垂らす大吉だった。

# 心18得

## 高額療養費も「申請主義」

公的年金の支給漏れで問題になった「申請主義」は高額療養費でも同様。病院や健康保険の側から「払いすぎですよ。もっと安くすむ方法がありますよ」と言われることは期待せず、自分で申請しよう。以前、70歳未満の人は病院窓口でいったん高額療養費で戻ってくる分を立て替える必要があったが、07年４月からは入院時に「限度額適用認定証」をあらかじめもらっておけば立て替えの必要もなくなった。自営業者なら国民健康保険の窓口の市区町村、会社員は自社の健康保険組合か協会けんぽに申請しよう。過去払った分も２年の時効前なら返ってくる可能性がある。

医療費・保険

# 意外に少ない会社員の医療費自己負担

　サラリーマンの〝聖地〟新橋で、福沢秋吉は怪気炎を上げていた。

「よしっ、もう一軒！　何だ、金田っ！　その不況ヅラは」

「先輩、もう帰りますよ。大体、『飲むのも仕事』だなんて、時代錯誤もいいとこっすよ」

　ドライな現代っ子の部下、金田守はつれない。

「何だとぉー、こいつ、来いっ」

　その金田の腕を引っ張ろうとした秋吉は次の瞬間、グラリ、体のバランスを崩した。

「あ、危ないっ！」

　ドスンドスン。店の前の階段をもんどり打って落ちていく秋吉……。薄れゆく意識の片隅で思った。

「諭はまだ5歳。あしたからどうなるのか……」

目がまぶしい。こ、ここは？

「あっ、パパおきたー」

諭？　家か。隣にいるのは……か、金田？

「な、なんでおまえが家に居るんだっ⁉」

「あなた、なんてこと言うの。金田さん、わざわざ背負って連れてきてくださったのよ」

妻の冬美のホッとしたような、怒ったような顔。そうか、階段から落ちたんだ。その後の記憶はぷっつりとないが、腰がズキズキ痛む。

「やっぱ、単に酔っぱらってただけっすね。あー心配して損した。でも、良かったですね。飲み会帰りじゃ労災も使えないですからね」

いつも通りの早口だが、心なしか目の縁が赤い。

「労災？」

「国の公的な社会保障制度の労働者災害補償保険（労災保険）の対象になるかどうか、ということです。認められれば、無料で必要な治療が受けられますし、会社を休むときも給料のほぼ8割程度がもらえます。就業中以外の休憩時間や通勤途上の事故も対象です」

労災が認められるのと、認められないのとでは負担が大違いなのだという。

「ボクも通勤途上ではあったぞ」

「通勤経路の途上で逸脱、中断していた場合は認められません。逸脱しても認められるのは、公衆便所の使用や雑誌、たばこの購入程度です。いくら先輩が『飲みはオトコの仕事だ』と言い張っても、飲み会帰りには労災は適用されません」

そうか。大したことなくて、ホント良かった。

「このご時世、医療費が月に数十万円とかになったらお手上げだもんな」

ソロリ起きあがりながらつぶやく。と、金田は早くもいつもの説教口調に戻って言うではないか。

「普通の病気やケガであれば、そんなにかかりゃしませんよ。およそ9万円弱が1カ月の医療費の上限です。たとえ治療費が100万円かかったとしても患者の自己負担は8万7430円です」

なんでそんなに細かくわかるの……と思いきや、そういう計算式があるのだと言う。

「『高額療養費』という制度です。その月にかかった医療費が高額になった場合、限度額以上は公的健康保険から補填《ほてん》されます。70歳未満の一般的な所得の人の場合の、自己負担の上限の計算式は、8万100円+(医療費－26万7000円)×1%。これに当てはめれば、もし100万円かかっても9万円弱になる計算です」

「あら、そうなの。それじゃ1年分としても約100万円あれば医療費は何とかなるの?」

お茶を運んできた冬美が加わる。

「実際にはもっと少なくてすみます」

金田は胸を張る。おまえの手柄じゃないだろう。高額療養費制度には「多数該当」というくくりがあり、過去1年以内に高額療養費を3回以上払うと4回目からは自己負担額がさらに下がり、上限が4万円強になるのだという。

「さらに『付加給付』といって、会社の健康保険組合によっては独自の補填があるところも少なくありません。例えば我らがダケタ製薬の場合、月の自己負担の上限は2万円です」

「なーんだ。さっき『もっと保険に入っておくんだった!』って焦ったけど必要ないのね?」

冬美が身を乗り出す。

「そうすね。サラリーマンがフツーの病気でフツーに治療する限り、まずは会社の付加給付の自己負担上限額をおさえておき、それ以上に保障が欲しい場合だけ民間の医療保険を考えればいいんじゃないすかね」

ただ、がんなどで健康保険の適用対象外の治療を受けたときや、個室に入院した場合にかかる「差額ベッド代」などは高額療養費の補塡の対象にならないので要注意だ、という。

「あら、個室なんて入れないわよ」

「じゃ、大丈夫すね」

初対面だが軽快に会話を交わす冬美と金田。ボクの財務相と投資顧問……。何があるかわからないこのご時世、しっかり者のお二人あっての福沢秋吉です。

# 心19得

## 食い違いあれば明細書開示を請求

### ▶疑問があれば…

自分が所属する公的健康保険から１年分などまとめて「医療費のお知らせ」が届くはずだ。患者が窓口で自己負担分を支払った後、病院はかかった医療費の残りの７〜９割分を保険者に請求する。その際、審査機関がチェック、不審がある請求には支払わない。保険者からの通知書で実際の支払額を確認し、自己負担で支払った分との食い違いがあれば保険者に「レセプト」といって、より詳細な診療報酬明細書の開示を求めるといい。レセプトには何にいくらかかったかの細かい記載がある。

医療費・保険

# 「備えイコール保険」とは限らない

「ねえ、春子さん聞いて」

　買い物帰りの春子を待っていたかのように、隣に住む夏目万由子が飛び出してきた。

「夫が65歳になったら、生命保険金が10分の1だっていうのよ。ひどいわよね」

とがっかりしている。

「もう、福沢さんびっくりしているじゃないの」

　万由子の一人娘の百子があわてて母親の袖を引っ張った。

「だからそれは定期付き終身保険で、一定の年齢を過ぎたら保険金が下がる仕組みの保険なんだから。そういう契約なんだもの、しょうがないでしょ」

と百子が諭すように言う。だが、万由子は、

「いやね、この子ったら。保険会社の人みたい」

と不満顔だ。

「うちはどうだったかしら」

圧倒されつつ、春子も早速、自分たちの保険を調べてみた。やはり大吉が加入していたのも定期付き終身保険。大吉の場合は60歳で5分の1になる。

「あら、うちもじゃない。保険料たくさん払ったのに結局300万円なの」

かつて夏子や長男の秋吉にかけていた学資保険のようなイメージがあったせいだろうか、春子も損したような気分になった。

「子どもも独立したし、春子もいずれは年金がもらえるし、死亡保障はもうそんなに要らないんだから」

大吉は意外とさばさばしている。

「それよりも医療保険に一つも入ってないのが不安で。今は何歳でも入れるものもあるみたいだし、ちょっと検討しようと思ってな」

母の千代のことがよほどこたえたのか、大吉が神妙に言う。

「ちょっとお父さん、医療保険に入るの?」

夏子が飛んできた。

「大手術が必要な病気とか、長期入院とか、年をとれば不安だろう。がんの平均入院日数は30日を超えるとか言うし」

と言う大吉に、

「でも医療保険って必ずしも必要でもないって聞いたことがある」

と夏子。仕方ない、ここは百子に聞いてみよう。

「医療保険を検討しているんだけどね」

と言いかける大吉に、百子がすかさず問いかけた。

「どうして、保険にしようと思ったのですか？」

「入院とかに備えるなら、保険だろう？　がんになって長期入院とかさ……」

たじろぐ大吉に、百子が畳みかける。

「みんなが長く入院するわけではないし、要は確率をどうとらえるか、だと思うんです」

厚生労働省の２００８年の資料によれば、65歳以上で入院した人の１回の平均入院日数は50・７日。確かに長いが、そもそも65歳以上で入院する人の割合は約３・６％にすぎないと百子は言う。

「本当に？　少ない気がするなあ」

と言う大吉に春子もうなずく。

「うちの母もそう言っていましたが数字上はそうなんです」

と百子。さらにある入院保険に60歳で加入したら、25年間で支払う保険料は約３８０万円。でも5年ごとに30日間ずつ入院し、15日ずつ通院したとしても保険金でもらえるのは、保険料の4分の1くらい。

「必ずしも保険でないとまかなえない金額ではないかもしれません。今は日帰り手術も増えていますし、重い病気などで治療が長引いても、高額療養費制度で1カ月の自己負担は数万円ですむようになっています」と百子。

「でもさ、僕がその長期入院患者になるかもしれないし……」

不安がぬぐいきれない大吉に、百子が提案してきた。

「それはそうですよね。では自分で医療保険を作りませんか」

自分で作るって？

「差額ベッド代で1日5000円、1000日入院して50万円、夫婦二人分で100万円。保険会社に経費を払わない〝福沢保険〟です」

と百子。貯蓄の一部を医療用に取り分けて考えるというわけか。

「それに、もしできるなら、保険に入ったと思って月に1万円を貯金してください」

と百子。

「2年分24万円で2年に一度、高度医療を駆使した人間ドックに入って、病気の予防や早期発見に使えばどうでしょう」

磁気共鳴血管撮影（ＭＲＡ）や陽電子放射断層撮影装置（ＰＥＴ）などの最新

機器を駆使した検査で、ごく早期のがんなどを見つけられれば、早期治療ができる。例えば大腸がんは4期で見つかったら5年生存率は10%だが、早期なら95%という。

「入院費用の不安を解消するために保険に入るのなら、病気や体の不安を解消するためにそのおカネを使いたいわ」

じっと聞いていた春子が言う。備えイコール保険、と決めつけていたが、自分のニーズをよく見つめて考えなくては。そばに居た夏子がすかさず、

「人任せで楽をしちゃいけないってことね」

と口を挟む。

「それはそうだが夏子、そのセリフ、そっくりそのままオマエにも当てはまるんだぞ」

と大吉は心のなかでつぶやいた。

# 心20得

## 解消すべき不安は入院費用か病気か

### ▶定年退職後、多額の生命保険は不要

子どもが独立し、教育資金の必要性などがなくなったら多額の生命保険は不要。会社員の妻なら夫の死後、遺族年金もあるし自分の年金も受け取れる。死後の心配よりもむしろ生きている間の資金のやりくりを考える。ただし、資産家の場合、受取人を指定できる生保を使って財産分与のひとつとしておカネを残す人もいる。

### ▶医療費負担への考え方を見直す

後期高齢者医療制度などの導入で、医療費への不安がますます増している人は少なくない。寝たきりになったり、高度医療を受けたりして数千万円も必要という場合もあるが、「確率でいえばごく少数」（ファイナンシャルプランナーの紀平正幸さん）。医療費に対して、自分である程度の計算をして考え、医療保険が必要かどうかを吟味する。

医療費・保険

# 保険料払っても、介護されない？

「あ、これピーマンの肉詰めですか？　さすが先輩の奥さん、高度っすね」

　秋吉の弁当をしげしげとのぞき込み、後輩の金田守がしきりに感心している。不景気の折、金田も今どきの「弁当男子」デビューを果たし、貯蓄に励むことにしたのだそうだ。今日は二人で中庭のベンチに〝遠征〟だ。

「ところで先輩のお父さん、もう大丈夫なんすか？」

　金田が特大のシャケおにぎりをほお張りながら言う。千代が倒れたと思ったら、今度は大吉が軽い心筋梗塞で入院したのだ。

「60歳でしたっけ？　もし介護状態になってたら、大ごとでしたよねー」

「本当だよな、いくら介護保険があっても、まだ若いもんな」

　厚焼きタマゴをつまみながら秋吉が相づちを打つ。

「違う違う、お父さんの病気だと介護保険が使えないから大変だって言ったんすよ」

金田が、あきれたように言う。

「えっ、介護保険って40歳以上で医療保険に加入している人全員に加入義務があるよな。保険料払ってるのに、病気によって使えたり使えなかったりするのか？」

驚く秋吉に、金田が弁当箱の蓋を閉めて向き直った。

「先輩、ちょっといいっすか」

金田の講義が始まった。介護保険の被保険者は満40歳以上の人。そのうち65歳以上の人は第1号被保険者、40〜65歳未満の人は第2号被保険者と分かれている。大吉は第2号になる。

「第2号の人は、脳出血とか骨粗しょう症で骨折とか、特定の16の病気でないと保険の対象にならないんすよ。確かお父さんは心疾患でしょ？」

しかも疾患が要件に見合っても、要介護状態とは介護が6カ月以上継続して常時必要だと見込まれる状態だという。

「病気で振り分けられるなんて。本人や家族が日常、不自由なのはかわりないのになあ」

まるで三大疾病の医療保険のようだ。秋吉は春子を思い浮かべながら、納得いかない様子だ。

「ボクの叔母さん、抗がん剤を使うと副作用で歩けなくなって、車いすを使うんですよ。でもまだ60歳で、末期がんじゃないから介護保険使えないってこぼしてましたよ」

と金田。そんな人は多いのだろう。叔母さんは買い物や調理、犬の散歩などを民間の介護保険の適用外のヘルパーサービスに自腹で頼んでいるのだという。

「ははあ、こぼれ落ちたところをケアするサービスもちゃんとあるということか。自腹って、どのくらいなの？」

千代の遠距離介護に続き大吉まで介護が必要になって、それを春子が一人で引き受ければ、春子まで倒れてしまいかねない。大吉は軽いというけれど、これからも付き合い続ける病気だろうし。せめて金銭的な援助で、春子の時間と余裕を捻出《ねんしゅつ》してあげられたら……。

「1時間で2000円くらいかなあ。ベビーシッターさんに来てもらうようなものって言ってたし」

と金田。保険がきかないと安くはないけれど、そのくらいはボクが出してあげたい。

財団法人家計経済研究所の調査では、介護保険を利用しても医療費や雑費で1カ月にかかる介護費用はおよそ3万5000円になるという。介護保険が使えず、全部自腹なら一体いくらになるのだろう。

「それよりもお父さんの場合、医療保険とか傷病手当金のほうが現実的でしょ」

と金田がペットボトルのお茶を飲みながら言う。さすが、めざとい。まだ働いているから傷病手当金もつくのか。

「条件がいくつかあって、大前提は健保に入っていること。あ、でも先輩の扶養家族になってたらダメですからね」

大黒柱が働けなくなったときの補塡だから、ということか。

「でもさ、手当金っていうくらいだから見舞金程度だろ」

期待して裏切られることの多かった秋吉はやや懐疑的だ。だが、例えば1カ月休んで無給だったとき、30日から最初の3日を引いて27日分が手当の対象になるという。月給を1日分にならして算出した日給が9000円なら、その3分の2の6000円が1日分の手当金。その27日分だから、16万2000円が支給される。

「これ、無給の身にはかなり有り難いすよ。しかも最長で支給開始日から1年6カ月有効ですから」

なるほど。すぐにオヤジの健保組合に聞いてみよう。

「じいじー、元気になった？」

週末、諭と大吉の病室を訪ねた。苦虫をかみつぶしたような大吉の顔がぱっとほころんだ。

「保険が下りないとかなんとか、変な話耳にして怒っちゃって。それこそ心臓に悪いと思うんだけどねえ」

春子がささやいた。命はカネで買えないが、命が助かるとやっぱりカネ、だよね。

# 心21得

## 二人に一人が給付対象の可能性

### ▶第２号被保険者の給付対象になる特定疾病は16

介護保険の第２号被保険者が保険金を受け取れるのはパーキンソン病、初老期における認知症、関節リウマチ、脳血管疾患、糖尿病性神経障害など16疾病の場合だけ。ただ、生涯を通じてみれば、統計的には二人に一人がいずれかの段階で給付対象になるという。

### ▶傷病手当金の給付は要件をチェック

傷病手当とは、健康保険の加入者が、病気やけがで会社を休んだ場合に家族の生活などを保障するために設けられた制度。給与を補うという意味なので、退職などで任意継続被保険者である場合は支給の対象外。また、休業中に事業主から報酬を受け取っていたり、退職後に老齢厚生年金などを受けていたりすると、金額に応じて手当金の支給額が調整される。

医療費・保険

# ヤブも神医も保険点数は同じ

「カルピスサワー一つ、ナマ三つ、お疲れさまセットに……あ、やっぱ入ってる『ホッケの煮付け太郎風』」

「チッ！」

鋭い舌打ち音をたてて、金田守は茶髪の店員を呼びつけた。

「ほらー、このー、ホッケ、間違えて持ってきたヤツ入ってるじゃないか」

恒例の〝金田チェック〟。必ず支払いの前に伝票を子細にチェックし、ミスがあると厳しく糾弾するのだ。毎度のこととはいえ、恥ずかしい。向かいの席の福沢秋吉は、焼酎お湯割りの残りをチビチビやりながら「ワタシのツレではアリマセーン」的顔をつくる。

「ああ、危ない。７８０円損するところでしたよ」

金田は満足げだ。「脱帽だよ、おまえには」

「金額はともかく、何にせよ財布を開いて支払う前にキチンと明細を確認する

「……基本っしょ」

秋吉はそれで思い出した。

「そういえば、オヤジのこの前の入院費用。結局40万円近い額だったけど、よもや間違ってないよな」

カバンに入れっぱなしの、領収書のコピーを引っ張り出す。青天のへきれきの心臓発作で倒れた父、大吉。幸い軽症だったが、心筋梗塞と診断され、あれやこれやの検査や投薬で最近ようやく退院したのだ。製薬会社勤務とはいえ、総務畑の秋吉。必ずしも医療現場には詳しくない。

「そうすね。確かに病院の領収書って普通の買い物のとは、違うシロモノですよね」

2～3年前までは「まとめて、こんだけ」みたいな額だけの領収書もあったが。

「今はホラ、『保険』と『自費』に大別されたうえ、何にいくらかかったかの明細が書いてあるのが普通です」

「保険」とは保険診療分のこと。「国民皆保険制度」のある日本。年齢や所得に応じてかかった医療費総額の1～3割を個人が窓口で支払い、残りは自分が加入する健康保険制度から支払われる。今は6～69歳の一般的な所得の人の自己負担は3割。まず、医療行為の〝定額〟が「点数」で示され、患者の負担比率に応じた自己負担分が「金額」に換算されて示されるのが一般的なパターンだ。

「その、点数ってのがイヤらしいよな」

秋吉のぼやきに対して、金田が解説する。

「今は1点＝10円ですから、簡単に計算できます。例えば1０００点の医療行為の3割負担なら3０００円の支払い。ま、将来は1点が〝値上がり〟する可能性はありますけどね」

診療報酬点数はいわば公定価格。厚生労働省が2年に1度見直して告示する。「基本診察料」が何点、「注射料」が何点……と細分化して決められ、病院が勝手にチャージすることはできない。

「同じ医療行為なら、たとえヤブでもゴッドハンドでも、大都市でも離島でも同じ値段なんて、ちょっと不思議な気もしますよね」

と、金田。

「でも、同じ病気でも病院によって微妙に額が違うぞ。それに、ほら〝セレブ病院〟とかもあるわけだし」

「いい質問です」

金田は目を細め、解説する。診療行為の保険点数の微妙な違いは、主に医療機関の規模の違いによる。ベッド数が19床以下なら「診療所」、20床以上なら「病院」に分類され、中でも200床以上の大病院には別の料金が適用される場合がある。

「いわゆるセレブ病院など環境が充実したところは、その分が反映されます」

例えば入院時の「入院基本料」には、医師の診察料や看護師による看護料、部屋代などが含まれるが、看護師一人が患者何人を担当するかの配置基準によって変わる。約9500円から約1万5000円まで幅がある。

「ここまでは、あくまで保険診療内の話ですけど、この……」

と、大吉の領収書のコピーを指さし、金田は続ける。

「『自費診療』部分は病院が任意に価格付けしますからね。セレブ病院の『差額ベッド代』はその代表です」

1日数百円から数十万円まで幅の広い差額ベッド代。「一人当たり面積は6・4平方メートル以上」などの一定の基準を満たせば、病院の裁量で請求ができるため、不透明だったり説明不足だったりするケースも少なくない。大吉も運び込まれた当初、1日2万円負担の個室だった。

「慌てて四人部屋に移ったけど、それでも1日5000円だぜ。個室じゃなくてもかかることもあるんだな、差額ベッド代って」

「そうです。それにホテルみたいな『1泊2日』の概念とは違いますから、先輩のお父さんが夜に運ばれて朝に亡くなっても2日分4万円がかかったはずです」

おまえ、不吉なことを……。

だが、差額ベッド代の請求にはあくまで「患者の自由な選択と同意」が必要。治療上の必要があったり、「ほかに空きがない」という病院側の事情で個室に入れられた時は払う必要はないのだという。また、患者に書面で了承を求めないと無効。指摘したらタダになったり、満室だったはずの安い部屋が急に空いたりした例は、結構あるらしい。

「そりゃ、建前はそうだろうし、お前みたいにずうずうしいヤツは言えるだろうけどさ。実際、あの場で言えないもんだぞ」

「ま、何にせよ、ダメもとで言ってみるのが大事です。あっ、この皿うどんも食べてないって言ってみましょうか」

おい、おまえ！　それは犯罪だろ。

## 心22得

# 国も企業も財政難にあえぐ

### ▶後期高齢者医療制度の保険料、ネットで概算

後期高齢者医療制度の保険料は条件によって変わり複雑。東京都の場合、東京都後期高齢者医療広域連合のホームページ「東京いきいきネット」（http://www.tokyo-ikiiki.net/）の試算シートに年収や世帯構成、年齢などを入力すると、簡単に概算を出せる。

### ▶健保組合の解散相次ぐ

大企業が社員とその家族のために設けた健康保険組合などでは、高齢者の医療費を現役世代が負担している。だが、後期高齢者医療制度による75歳以上の医療費補助、65〜74歳の前期高齢者の医療費負担がかさみ、健保自体を維持できなくなって解散に追い込まれるケースが増えている。1992年ごろは1823組合あったが、09年９月時点では1482組合まで減った。

離婚

# 慰謝料？　普通の離婚では無きものと思え

「えー、ホントー？」

〝女子〟たちの席から上がった歓声に、元気になった福沢大吉はじめ、定年世代の〝男子〟たちの注目が集まった。

　同窓会の宴もたけなわ。大吉が高校時代を過ごした福岡県立豊作高校の仲間たちが集結している。卒業以来42年の月日が流れても、会えば「大ちゃん」「キー坊」と昔の呼び名が、当人たちにはしっくりくる。だが、孫の諭が見たら、

「どして、じいじはおじいさんなのに〝大ちゃん〟？」

と、さだめし不思議がるに違いない。

　身を乗り出して、女子たちの話を聞いてみると、どうやら話題の中心はクラスのマドンナ、細井加寿子さんらしい。大吉の脳裏に華奢《きゃしゃ》で、無口で、可憐な細井さんのセーラー服姿がよみがえる。女優の酒井和歌子似と評判で、もちろん大吉もほのかな恋心を抱いたクチだ。

「で、細井さん、どこ?」

席を見渡しても酒井和歌子の姿は見当たらない。女子の中心にいるのは、派手な原色スーツに豪華な宝石、そして迫力あるだみ声……。

「あんなオトコ、地獄に落ちるよ」

どちらかというと某有名女性占師似の女性だ。

「ま、まさか……」

男子一同の上に一瞬、沈黙が垂れ込め、その後、示し合わせたように手元の杯をグイっと空けた。

「細井さんはね、はやりの『熟年離婚』したの」

かつて〝人間スピーカー〟のあだ名を持っていた山田響子が解説する。なんでも夫は中小企業のオーナーだが、浮気がやまず、だいぶ前から仮面夫婦だったという。それを2008年4月に本格的に「年金分割」の制度が施行されるのを待って、行動に出たらしい。

「三くだり半、突きつけてやったわよ」

と、だみ声が言う。

かつて、会社員の妻の専業主婦が離婚すると老後にもらえるのは自分の基礎年金だけだった。それが07年以降の段階的な法改正で、基礎年金の上の2階部分にあたる厚生年金についても「夫婦で築いた年金」との位置付けになり、婚姻期間中については報酬比例部分の最大半分が妻の取り分となったのだ。

「年金にもフェミニズムの波たい」

隣のキー坊が小声で言う。

「昔は『女房と畳は若い方がよか』は、年金にも当てはまったもんだったばってん」

一体全体、何を言い出すかと思ったら、キー坊はどうやら「加給年金」のことを言っているらしい。普通、夫が年金をもらい始めた時に65歳未満の妻などを扶養していると、加入期間など一定の条件を満たした場合、妻自身が年金をもらい始めるまでは「加給年金」といって夫の年金に家族手当が上乗せされる制度だ。大吉世代では年約40万円と結構な額。もし、10歳若い年下妻ならざっと400万円近い〝収入〟になる。これが年上妻なら加給年金は一銭ももらえない仕組みだ。ちなみにこの制度は年金分割とは関係なく今でも存在する。

「でも、年金分割でもらえる分ってそう多くないんでしょ？」

「それで踏みとどまる人多いって」

「やっていけるの？」

興味津々の女子たちが質問を浴びせる。

「年金分割による上乗せ額は平均で月4万〜5万円ってとこね。もちろんそれだけじゃ暮らせやしないよ。きっちり『財産分与』を勝ち取らなきゃ」

細井さんの目がギラリと光る。昔とは違う意味で目ヂカラがある。細井さんいわく、離婚にまつわるお金というと「慰謝料」がまず思い浮かぶが、慰謝料はせいぜい数十万円から数百万円が相場。相手に暴力や浮気など一方的に破綻《はたん》の責任がある時に請求できる。よくセレブの離婚などで「慰謝料○億円!」などと報道されるのは「財産分与」の部分とごっちゃになっているのだという。

財産分与は婚姻期間中に形成した夫婦の財産を離婚時に清算して分配すること。不動産や車、貯金、宝石などすべての財産と、住宅ローンなど負の財産があればそれも足し合わせて分けるのが考え方だ。離婚から2年以内なら請求できるらしい。話し合いでまとまらなければ家庭裁判所が、おのおのがどのくらい財産形成に寄与したかを勘案して判断する。専業主婦の取り分はかつては低く見られがちだったが、最近は2分の1とする例も増えているらしい。

「あのハゲオヤジが外で遊べたのも〝内助の功〟あってのことだよ。半分もらって当たり前よ!」

「……42年か」

響き渡るだみ声の主を見ながら、大吉はしみじみ思う。人も、そして社会も、変わるものだ。

「春子……」

ふと東京にいる妻が恋しくなる。

「結局、しがない会社員で大したお金は残らないけど、夫婦二人仲良く暮らせるのが一番の〝財産〟だよなぁ」

# 心23得

## 年金の損得　世帯単位で判断

### ▶加給年金受給者の妻は保険料払う必要

“年下妻”が有利な加給年金の制度だが、丸々得するわけではない。夫が年金をもらい始めると専業主婦は第３号被保険者ではいられなくなるので、第１号被保険者として自分で国民年金の保険料を払う必要がある。本文中の例の10歳年下妻なら年約40万円の加給年金に対して保険料支出は年約18万円になる。

### ▶他人ごとでない「年金分割」「財産分与」

日本の離婚件数は全体では減少傾向が続く。年金分割制度の導入前には「分割待ち」で離婚件数がドッと増えるとみられていたが、制度導入後も傾向は変わらない。とはいえ、1990年代初めに比べ５割増しの水準で、およそ２分に１組が日本のどこかで破綻している計算だ。しかも同居期間35年以上の“熟年離婚”に限れば2007年には２ケタ増の勢いだった。

離婚

# 熟年離婚より遺族年金狙い

「もう、いいかげんにしてよ！　なにもかも私がしなくちゃならないの」

声を荒らげ、春子が手にしていたふきんを床に投げつけた。

「なんだよ、いきなり……」

ビールの空き缶を片手に、大吉が驚いて立ちすくむ。きっかけは晩酌のビール。3本目をとろうと冷蔵庫をのぞいたら、ビールがなかった。

「切らすなって言ってるのに」。この大吉の一言に、春子がキレたのだ。

千代の介護も、家のおカネの管理も、家事の切り盛りも春子が一身に背負っている。一方で子どもは好きなことをし、大吉もお気楽な毎日だ。

「春子さん、私も同じよ。眠れずにウツっぽくて、夫と顔を合わせるのが嫌で買い物に行っちゃうの」

と隣の夏目万由子がパンをちぎりながら言う。春子が大げんかの愚痴をこぼしたら、ある休日、気晴らしにとランチに誘ってくれたのだ。

不眠や体調不良は加齢のせいもあるだろう。でも、大吉への不満が原因だと春子は思っている。

「起業なんて夢みたいなことを言っているけど、でも夏子は一生懸命なの。そういう姿を見ているとうらやましいというか。私は何なのかなって……」

　春子は涙ぐみ、ぽつりと言った。

「私、離婚してもやっていけるかな」

　すると万由子がナイフとフォークを置いた。

「実は私も離婚できるか、計算したことがあるの」と声をひそめて言う。

　2007年4月から夫婦間の年金分割制度が適用になり、離婚しても妻がちゃんと年金を手にできるようになった。「年金事務所に請求すれば、夫婦間で厚生年金の納付記録を分割できるのよね」と春子。「加入期間が満たされているかどうかが重要なの」と万由子が受ける。「受給資格は年金加入期間が25年以上。春子さんは勤めていた期間は4年だけど、あとは〝カラ期間〟で大丈夫よ」と言う。

「カラ期間って？」。尋ねる春子に、万由子がしたり顔で言う。

「昭和36年からかな。ある一定期間の間に結婚して夫が厚生年金などに入っていたら、妻はその間は何にも加入していなくても受給資格期間に算入してもらえるのよ」

制度の谷間で生じた空白の期間を埋める制度である。受給資格を満たしていないと、離婚後に自分で国民年金などに入らねばならない。

あとは離婚のときに話し合って、年金の分割割合を決めて年金事務所で厚生年金の分割手続きをすればいい。２００８年４月以降の分については３号分割といって４月から離婚した月までの期間分の年金を夫婦の合意なく、自動的に分割できる。そんな話をしていると、百子が顔を出した。

「次に婚姻後の納付記録の上限50％を合意で分割します」と言う。

「半分までいかなくても結構な額、もらえるわよね」と言う春子に、百子は「そんなに安心はできないですよ」と言う。

「婚姻期間に対応した厚生年金の部分だけが分割の対象。大吉さんの年金全部の半分じゃないですから」

と百子がすまなそうに言う。そうか、年金の一部を分けるだけか。

「むしろ」と百子が言葉をつなげた。

「母にも説明したのですが、離婚しないほうがおカネの面ではトクだと思いますけれど」

その理由は主に、遺族厚生年金。夫が亡くなったあと、妻は夫の老齢厚生年金の４分の３を遺族厚生年金として手にできる。40年くらい厚生年金に加入している平均的なモデルで「遺族となる妻は年間約90万円もらえるんです」と百子。

「これ、離婚したら当然もらえなくなるのね」と言う春子に、百子がうなずく。

90万円をフイにするのは痛い。

「だから私はね」

と万由子はおもむろに一枚の紙を財布から出した。それは夏目千石の年金手帳番号のコピー。

「カラ期間を調べるのに夫の年金加入歴が必要だからコピーをとったの。どうしても我慢できなくなったときのお守り」

といたずらっぽく笑った。平和そうに見える夏目家でさえ、いろいろな思惑が入り乱れているらしい。ちょっとブラックな〝ガールズトーク〟で春子も憂さが晴れた。

家に帰ると大吉がイサキをおろしていた。

「イキのいいのが入ったって売りつけられちゃって」

と言いつつ包丁を振るう。

「シンクのウロコ、ちゃんと始末してよ」

素っ気なく言いながらも、春子の口元はちょっと緩んでいる。

# 心24得

## 分割される年金額　離婚前に把握可能

### ▶じわり増えた熟年離婚、しかし今は…

厚生労働省によると2007年の同居期間別離婚件数は、同居期間が「35年以上」で5507件と前年よりも16.0%増えている。「30〜35年未満」が前年比5.2%増、「25〜30年未満」が同7.6%増なのに比べても、熟年離婚の件数の増加が目立った。だが、年金は１階部分にあたる国民年金（基礎年金）が基本で、20歳から40年間保険料を払い続けた場合、現在の基礎年金の受給額は月に約６万6000円、年間79万2100円。離婚で妻が分けてもらえるのは、民間企業の勤労者が加入している２階部分と呼ばれる厚生年金部分。厚労省の試算では、平均的な所得の夫婦二人の基礎年金を含めた受給額は月に23万2000円強(2009年度)という。離婚すれば生活費がかさむうえ、家を処分すれば家賃もかかり、夫婦それぞれに経済的なデメリットは否めない。

家をどうする

# 改装が「リタイアうつ」に効くそうよ

継続雇用で同じ世界自動車で働くため、大吉の生活は当面、今まで通り。

「よかったよね、お母さん。お父さん、結構短気だし、お母さんがいないと不機嫌だし、ご飯ご飯ってうるさいしね」

と夏子が春子に言う。

お隣の夏目万由子と立ち話する春子の声も明るくなる。

「よかったわね、春子さん。一人の時間があるのは気楽よ。私のお友達はご主人と顔つき合わせて今や〝リタイアうつ〟よ」

と万由子。買い物に行こうとすれば、

「オレも行く」

そのくせ、

「じゃあ、パンと牛乳買ってきて。その間にお掃除するから」

と言うと、

「なんだ、人のことを使いにするのか」

と不機嫌になる。ゴミを出せば、

「ゴミ、出しておいてやったぞ」

といちいち言う。夫がやることなすことすべてにイライラするそうだ。

「この『してやった』って、恩着せがましくってすごくイヤで頭にくるのよ。大吉さんはお若いからそんなことないでしょうけれど」

と言う万由子に、

「ウチも同じよ」

と春子。

「仕方ないからありがとうって言うけれど、ゴミを出すくらい、何でもないわよねえ」

不満をぶつけ合う会話が一段落すると、万由子がふと、

「実はリフォームを検討しているの」

と言う。

「夫がまだ働いている数年で家事の分担とか、趣味を作るとかしてもらったけど、ずっと二人でいたらストレスがたまりそうで」

と切り出した。なぜそれでリフォームになるの？

「リフォームって、将来の介護用?」

腑《ふ》に落ちない春子が尋ねると、

「ううん、リタイアうつにならないためのリフォーム」と万由子。リタイアうつ?要は家の間取りなどを変えることで、お互いが家にいても個人の時間や空間を確保しやすくするというのだ。

春子は夏目家の開放感にあふれるダイニングキッチンから居間を思い浮かべた。確かに開放感がある半面、常に一緒の空間にいる感はぬぐえない。見たいテレビ番組は違うし、友達との長電話もゆっくりできないし、くつろいでいるのにお茶だの新聞だのと言われそうだ。

「私の居場所や時間がなくなりそうで、熟年のリフォーム説明会に行ってみたの」と万由子。

「例えばリビングの一角をパソコンコーナーや趣味のミシンをおいた洋裁作業場のように、ちょっと仕切って自分の場所を持つだけでも違う」

というプランナーの言葉に納得した。動線を変えたり、目線をあえて遮ったりできる間取りにすれば、二人一緒にいたい時、別々に過ごしたい時と気分に応じて空間の使い分けが可能になる。

千石は完全なリタイアがもう近い。万由子は着々と布石を打っている。

「おカネがかかるし、千石さんになんて言うの？」

　春子が聞いた。

「リフォーム自体は、水回りじゃないからそんなに大掛かりじゃないのよ。内容によるけれど、居間で100万円くらい。寝室と合わせて200万〜300万円の見積もりだったわ。いざとなったら私のへそくりでやっちゃおうかと。それで何十年も快適なら安い投資よ」と、万由子は笑う。

　千石には、彼の書斎を広げようと持ちかけ、お互いに趣味を充実させた住まいにしたいと話し合った。住まいの設計変更のセミナーにも一緒に行ったことがあるという。

「寝室はね、お互いが起き出す時間が違ったり、睡眠の問題で分けたいという希望が一番多いんですって」

　と万由子。不眠症の万由子は朝5時に千石が起き出す気配で無理に起こされるのがつらい。同じ部屋を間仕切りで分け、上部は開けておく。そうすれば、血圧の高い千石に万が一のことがあってもすぐに気づく。

「部屋数はそんなにいらないから、太陽光を取り込む吹き抜けもついでに作るような減築もやりたいのよね」

　と万由子の夢は膨らむ。

「仙台のお義母さんの所へ行く時、２泊くらいするのよ。大吉さんが家事をせざるを得なくして、老後のいい訓練にしなさいよ」

と万由子。確かに大吉は自分の親なのに、すでに仕事を言い訳にして足が遠のきかけ、春子に任せようとしている。でも千代は、春子よりも大吉の顔を見たいのだ。なんだか腹立たしくなってきた春子の気持ちなどつゆ知らず、大吉が言った。

「仙台で土地でも借りて将来、農業やるか」

「あなたっ、無計画な夢ばっかり、お一人でどうぞッ！」

# 心25得

## 室内だけなら安くて200万円程度

### ▶60代夫婦4割が別寝室

三井のリフォーム住生活研究所の調査によれば、夫婦別寝室を選んでいる夫婦は30代以上は3割、60代は4割以上という。かつては離婚の布石と思われたふしもあるが、今は「夫婦の起床・就寝時間のズレが主要因」という。お互いが気を遣わずに過ごすための選択というケースが多いようだ。

### ▶家族構成などに合わせ柔軟に

「将来に備えてバリアフリーに」と早い段階からリフォームを手掛ける人もいる。だが、実際に将来の自分が何を不自由と感じるか現時点ではわからないものだ。介護が必要になるまで家で過ごしたいと願う人が多い今、60歳からの約20年間のためのリフォームは家族構成の変化などに合わせて柔軟に見直した方がよいケースもある。改装費は外装などに手を付けず部屋だけなら200万円程度ですむこともある。

家をどうする

# 我が子去って広い家を元手に

「そうだ。京都、行こう」

夏目千石が突然、そう切り出したのは3日前のこと。受け狙いだか、マジメだかわからぬ顔で、台所の万由子の背後に立っていた。

「え？」

「紅葉の見ごろには早いが、秋の京都はいいぞ。例の積み立てもあるし」

「例の積み立て」とはＪＴＢの旅行積み立てのこと。例えば毎月２万円を５年間積み立てると、満期には元本１２０万円に加えて、５万３３７５円のサービス額がもらえる。使えるのは当然、旅行関連の支払いだが、利率に換算すれば年利１・75％と、普通預金０・04％の40倍以上だ。しかも預金であれば利息の20％源泉徴収される税金もかからない。

その積み立てを使い、旅行に行こうと言うのだ。が、万由子の反応は芳しくない。

「……旅行ねぇ」

気分がすぐれない原因は最近、一人娘の百子が家を買って出て行ったこと。もともと仕事中心で、平日家にほとんどいなかった百子だが、帰って来るのと来ないのとでは大違い。ガランとした百子の部屋にたたずんでは、

「この部屋、もういらないのね」

などとポツリ、つぶやいている。

そんな万由子を半ば強引に連れ出した形の2泊3日だったが、結果的には楽しい京都旅行だった。

「修学旅行以来、ほとんど半世紀ぶりよ」

の金閣寺。京都で学生生活を送っていた千石と歩いた哲学の道。

「あなたったら何にもしゃべらずに黙々と歩いたわねえ」

今は帰りの新幹線の中。心地よい振動に身を任せ、流れる車窓を見ていた万由子は、ふと、ある感慨にとらわれた。

「家、家、家……。こんな山の中にも。家って本当にいっぱいあるのね」

狭い国土に1億3000万人近くが住む日本。その総世帯数は約5000万だというから、

「まあ、それだけいれば、家もいっぱいあるはずだわね」

「いや、家の数は世帯数よりもっと多いらしいぞ」

と千石。なんでも5000万弱の総世帯数に対し、総住宅数は5759万戸もあるらしい。つまりその差の多くが住む人のいない「空き家」。全体に対する、空き家率は実に13％と、8軒に1軒が空き家になっているのが日本の現状らしい。

初老の夫婦は思う。ああ、夢のマイホーム……。どんなに心躍り、かつ、どんなに大変だったことか。夢と希望のありったけを40坪の四角い箱に詰め込んだ。多額の住宅ローンが不安で眠れぬ夜もあった。バブルの地価高騰で皮算用した時代もあった。

そんなこんなも……「あっという間だったな」

千石がポツリ、言う。「35年ローン」なんて、〝永遠〟に等しい遠い未来だったのに、時は誰の上にも必ず忘れずに訪れる。膨大な数の空き家にも、それぞれの歴史があり、寄り添ってきた人生があったはず。少子高齢化の日本では、今後、そんな「夢の廃墟」がますます増える。

「空き家バンク」といって自治体などが音頭を取り、移住者用に安く流通させる制度も増えた。都市部を中心に、高齢者の自宅を借り上げ、子育て世代に貸し出す橋渡しビジネスも始まっている。60歳以上のシニア層は、約1400兆円の日本の個人金融資産の6割を握るといわれるが、それも実は資産全体のごく一部でしかない。より大きな資産は「家」。1000兆円超ともいわれるその部分を流動化できれば、消費も喚起されようというものだ。

「うちの銀行も『リバースモーゲージ』やったけどな」

元銀行員の千石が言う。リバースモーゲージとは住宅ローンの反対で、家を担保にお金を借りて、死後に銀行が売却して清算する融資のこと。「家を年金に」がキャッチフレーズだが、地価が下落したり、想定以上に長生きしたりすると銀行に損失が発生しかねず、なかなか本格的に広がらないのが現状だ。

手っ取り早く現金化するなら、やはり売却。夏目家の場合、上物は築30年で価値ゼロだが、土地代だけでも5000万円はするはず。それを元手に最近の「シニアマンション」に引っ越す手がある。間取りはぐっと狭くなるが、バリアフリーで、安否確認の人が常駐していたりする。分譲だけでなく「コーセンチン」(=高齢者専用賃貸住宅)という賃貸もある。いわゆる有料老人ホームとは違い、生活は独立しており、実際に介護が必要になったら手配する形。

いずれにしても、今の家に住み続けていては無縁のキャッシュが手に入る。いずれ百子に……と思わないでもなかったが、百子には百子の人生がある。今のうちに、いくらかを現金でもらった方が使い手もあるというもの。「相続時精算課税」の制度を使えば、65歳以上の親からなら2500万円まで無税で渡せる。住宅取得用の資金なら親の年齢制限はない。それに今なら景気刺激策として、親や祖父母の直系尊属からの贈与について、プラス1500万円（2010年中の場合。2011年はプラス1000万円）の非課税枠も使える。

「どうだ？　二人で、もう一回新居なんて……」

「ふふっ、悪くないわね」

しょせん、この世は仮住まい。身軽に楽しく、生きようじゃないか。よし、ビールで乾杯だ。

# 心得 26

## マンションは担保の対象外

日本のリバースモーゲージの担保価値は「土地」のみ。路線価などを基にした実勢価格の５～８割に設定されることが多い。その範囲内で一時金か年金として融資を受ける仕組み。今はたとえ「億ション」でも、マンションはほとんど対象外。今までは東京スター銀行と中央三井信託銀行のほぼ独壇場だったが、2009年10月、久しぶりに群馬銀行が新規参入した。今後の普及が見込まれる。

家をどうする

# まさか、我が家にサブプライム問題？

「やめろー‼」

福沢秋吉は家の前に立ちはだかった。

「家を取られたらどこに行けばいいんだ」

だが、男たちは無表情に作業を進める。そして「ペタン」と玄関に張られた赤い札。そこには「差し押さえ」の文字が……。その文字がグルグル回りかすんでいく。胸が苦しく息ができない。薄れゆく意識の片隅で秋吉は思った。

「諭はまだ5歳。明日からどうすれば……」

「……どきなさい。諭」

寝起きのもうろうとした目がとらえたのは、胸の上にちょこんと座る一人息子だった。

「パパおきたー」

夢だったのか。しかし縁起でもない。最近この手の夢をよく見る。

原因は分かっているんだ。秋吉は歯を磨きながら鏡の中の自分を凝視する——福沢秋吉、33歳。妻一人、子一人。働き盛りの団塊ジュニア。当主、大吉以下のんき者が多い福沢家にあっては「ちゃっかり秋ちゃん」と呼ばれ、お金にしっかりしているとの評をほしいままにしてきた。それが、転勤で直面した「住み替え問題」で、すっかり調子が狂ったのだった。

「いいマンションだったよな」

5年前に買った大阪湾を一望する高層マンションは4800万円。ちょっと背伸びしたが妻の冬美も共働きで相当の収入があったし、銀行も難なく4000万円のローンを組んでくれた。金利も低かった。給料振込口座を開く程度で「優遇」してくれて、当初5年間の金利はわずか1・5%。月々の返済は12万円と、まさに「家賃程度の返済負担で余裕のオーナーライフ」だった、のに……。

「早くご飯食べて！　今日ウチがゴミ当番なのよ」

冬美の声が秋吉の意識を大阪のマンションから東京の社宅洗面所に引きずり戻す。冬美は仕事を辞め東京に来てから、どうもイライラがちだ。社宅暮らしが性に合わないらしい。

「ゴミ当番にカギ当番に管理当番……一体いくつ当番があるのよ」

帰国子女で歯にきぬ着せぬ性格の冬美は朝からテンションが高い。

「そうだ。昨日、タイガース不動産から電話あったわ。もう少し下げますかって」

大阪のマンションはまだ買い手が見つからない。リーマン・ショックでどんと冷え込んだ不動産価格に値上がりの兆しが出てきてはいるが、なかなか物件が動かない。転勤になったら売って買い替えればいい、そう思っていた秋吉は最近つくづく自分の甘さを思い知らされる。

新築のマンションは買った途端に15〜20%も査定価値が低くなるのが〝常識〟だという。追い打ちをかける市況悪化で3800万円でも買い手がいない。一時は地価上昇のニュースもあったし、てっきり売れば益が出ると思っていたのが大間違いだ。とはいえ、ローンの残債がカバーできれば、まあいいかと思っていたのだ、最近まで。そう、「あいつ」に会うまでは。

「先輩、甘いっすねー」

そう言い放ったのは部下の金田。ああいうのを〝節約男子〟とでも言うのだろうか。若いのに酒にも車にも興味はなく、堂々と、

「趣味は節約と貯蓄と運用」

と言う。秋吉が何気なくマンションの話をすると、

「ローン分とトントンで売ったら完全な持ち出しですよ。売却手数料が約130

万円で印紙代やら抵当権の抹消費用も入れれば、ローン残債より150万円ぐらい高く売れないと」

とまくし立てた。

「ま、貸せばいいだろう」

と秋吉。ポンポンポンポン。素早く電卓をたたいた金田は、

「賃貸マンションの平均利回りを大体4％として家賃収入は16万円か。固定資産税に管理・修繕積立費、賃貸管理料を考えると月3万円の持ち出しっすよ」

さらりとそう言った。

「あと、住宅ローンの優遇期間がそろそろ切れるんじゃないですか？　これで月数万円の負担増。あ、固定資産税の軽減措置も6年目から切れますよ。さらに月1万円近い負担アップ。加えて東京の住居費でしょ。先輩って結構、日本版サブプライム問題はいってますね」

日本版サブプライム問題って何だ？　はいってますねって何だ？　脳裏に最近テレビで見たアメリカの公園暮らしに転落した家族の映像がよみがえる。かくして団塊世代の父、大吉が世界一周を夢見るころ、息子の団塊ジュニア、秋吉の東京生活は悪夢と共に幕を開けたのだった。

# 心27得

## 住宅ローン金利低いままとは…

「サブプライムローン問題は対岸の火事ではない」。経済ジャーナリストの荻原博子さんは警鐘を鳴らす。日本の住宅ローン残高は200兆円弱。ずっと金利が変わらない「全期間固定」は１割にも満たない。残りの人のローンは金利低下局面はいいが、上昇に転じるとそれにつれ返済負担も増加する。特に旧住宅金融公庫（住宅金融支援機構）で1998年に２％という低い金利でローンを組んだ人の金利が、2008年に４％に上がり、手取り収入が上がらない中で返済負担が増した人も多い。

## ローンだけでなく固定資産税も

新築の戸建てなら４年目から、マンションなら６年目から上がる。新築住宅の減税特例が切れるためだ。一定の広さの住宅の建物部分について固定資産税を半分にする特例だ。「特に優遇されていた東京23区内のマンションの場合、10万円程度上がるケースも珍しくない」（住まいと保険と資産管理の飯田敏取締役）という。

家をどうする

# 家は借りる？ それとも買う？

秋晴れのさわやかな日曜の午後である。

「そら。3か。1、2、3っと。なに？『結婚でご祝儀1万円』だ」

縁側で大げさな身ぶりでさいころを振るのは福沢大吉。

「えいっ」

「おっ、諭いいぞ。6だ」

対するのは孫の諭。さいころを振る小さな手が愛らしい。年の差55歳の福沢家のオトコ二人組がすごろくに興じているのだ。

「元気なお父さん、久しぶり」と大吉の妻、春子は目を細める。

「夏子が結婚を決めて家を出てから、もう、がっくりよ」

「うっそー。電話してもいつも『用は何だ』って愛想ないよ」

自分が持ってきたお土産のチョコレートをポイッと口に放り込んで夏子が言う。

「相変わらずいつも何か食べてるな」

と、これは兄の秋吉。懸案の新居探しの帰りに一家で寄ったのだ。今日の福沢家は久々に人口密度が高い。

「どれどれ、『転勤で1回休み』か」、「何？　今度は『減給で貯金が半減。三つ戻る』？」

大吉が大げさに頭を抱えてみせる。

「父さん、もっと夢のある遊びをしてくれよ。教育上よろしくないよ」

最近ナーバスな秋吉なのだった。

大阪のマンションは売るつもりだが、数百万円の持ち出しになりそうで、貯蓄を取り崩すしかない。大阪ではバリバリ働いていた妻の冬美も、今は無職。減る収入に、増える支出……。東京で家を買っている場合ではないかもしれない。でも、市場の冷え込みで大幅に値下げする新築マンションも多い。「買い手市場」だと言うではないか。低金利時代も終わりそうだし、住宅ローン減税も一応、2010年末までだ。何より家は「欲しい時が買い時」と言うではないか。

「……でね、『モデルルーム割引』で300万円引きですって。本当にモデルルームでなくてもいいんですって。単なる値引きの口実だからって」

隣で冬美が今朝のモデルルーム訪問で得た知識を夏子に披露している。

「『家具付き販売』というのもあるの。あのカッシーナのイスは30万円はするわ。

オーブンとかオプションで付ける器具をサービスする手もあるらしいの」

「ふうん」

夏子は気のない風。

「でも、いま家買おうなんて、秋ちゃんもある意味勇気あるよね。私は絶対賃貸派」

夏子は、実家近くに賃貸マンションを借りた。

「いくら低金利だからって年収の5倍とか、7倍とかの借金をする人の気が知れないよ。3000万円を3％で35年間借りたら支払総額は4800万円以上だよ。金利で1800万円も余分に払うんだよ」

「だけど家賃は払っても何も残らないんだぞ」

あと、今日の営業マンは何と言ってたかな。

「えーと、毎月返済額は12万円弱だろ。そんな賃料じゃ住めないような、しっかりした家に住めるし」

「でも固定資産税とか保有コストもあるし……」

福沢家の「賃貸派」と「持ち家派」の議論が白熱し始めたその時。

「こんにちはー。夏子さん来てます？」

隣の夏目家の一人娘、百子がやってきた。外資系金融機関に勤める百子はお金に詳しく、大吉の定年指南役だ。

「ちょうどいいところに」

と、早速、福沢兄妹に取り囲まれる。

「お二人の意見は分かりました。でも、結論から言えば、引き分けです」

百子は言う。

「もちろん物件にもよりますが、大まかには、買った時の住宅ローンの支払総額と固定資産税などの維持費と、50年間払い続ける賃料と更新費の合計はほぼ拮抗《きっこう》します。あとは地価の動向次第ですが、これからの時代はあてにしない方が無難。むしろ賃貸の身軽さを優先するか、持ち家の充足感を重視するか、数字にならない価値観の問題です」

「オレたちのころはまず賃貸アパートを借りて、駒を進めた最後に『庭付き一戸建て』を買うって〝住宅すごろく〟があったけどね」

と、横から大吉も加わる。

「それより秋吉さん、まずはキャッシュフロー表をつくってみては？」

キャッシュフロー表とは？　大まかな家族のイベントとそれに必要な資金を将来にわたって計算し人生を見通す表だという。そんな便利なものがあるのか。

「まあ、疑似人生ゲームのようなものです。今度詳しくお教えしますね」

やっぱり百子は優しい。同じ指南役でも部下の金田守とは大違いだ。秋吉はホッとしてつぶやく。

「さよなら住宅すごろく、こんにちは人生ゲーム……」

## 心28得

### 地価と給料右肩上がり　今は昔

#### ▶永遠の問いに唯一の正解なし

借りるが得か、買うが得かの問いは物件次第、計算の仕方次第で唯一の正解はない。ただ、専門家は「大差ない」と口をそろえる。例えば4000万円のマンションに頭金1000万円入れ、残り3000万円を３％の金利で35年ローンを組むと総返済額は5000万円弱。これに固定資産税など維持費約4000万円弱が加わり約9000万円。一方、購入物件と同一レベルのマンションを家賃12万円強で借りたとすると35年間の賃料総額は２年ごとに１％の値上げを織り込み、約8600万円。ほかに更新料や引っ越しで約1200万円を見込んで、計9800万円という数字になる。

家をどうする

# 二世帯住宅の先には相続問題

こういうことを「渡りに船」と言うのだろうか。それとも……。

それは悩める団塊ジュニア、福沢秋吉が一家で、妻の冬美の両親、内村《うちむら》夫妻と囲んでいたランチの席でのこと。

「コホン」

義母の内村富美が口元をナプキンで押さえ、切り出した。

「うちも冬美が子どものころ建てた家が古くなったし、言ってたのよ。建て替えようかって」

一拍置いて富美は続けた。

「二世帯住宅にしませんこと？」

驚いて内村夫妻を見つめる秋吉。義父の内村鑑一はニコニコと好物のカモのローストをほお張る。冬美は、というと黙々と諭の食事を手伝っている。すぐに感情を表に出す冬美がいつになく無言なのが、怪しい。

「さては協議済みか……」

一瞬〝ハメられた感〟に襲われた秋吉だが、すぐ頭は計算を始めた。内村家は環境のいい東京郊外の一戸建て。70坪はあり十分な二世帯住宅が建てられる。買えば6000万円は下らない土地代がタダなら、建物分はローンで十分まかなえる。もしかしたら建物代にも援助があるかも……。悪い話ではない。カモを食べる鑑一の温顔の後ろに、一瞬ネギが見えた気がした。

翌日の昼時。ダケタ製薬のオフィスで秋吉は隣の席に声をかけた。

「金田くん、メシ行こうか」

「トンカツ、いいっすね」

まったく、どこの会社に上司に食事に誘われてメニューを指定する部下がいるだろうか。だが、今日はぜひ二世帯住宅の件を金田に聞かせたい。ぐっと我慢して「とん吉」ののれんをくぐる。

「ふぅーん」

聞き終えた金田は微妙な声を発した。

「そりゃ、二世帯住宅はいいですよ。子は何かと経済的に助かるし親は孫育ても楽しめる。建築費や不動産取得税、固定資産税なんかも結果的に安上がりになるケースが多い。で、奥さん、ひとりっ子すか?」

唐突な話題転換に戸惑いつつ、秋吉は答える。

「いや、兄が二人いるよ」

キラリ、その時金田の目が不気味に光った。

「仮に6000万円の土地を三人兄妹が相続すると兄二人には4000万円分の権利があります。でも妹が二世帯住宅を建てていたら売って分けられない。その分、いざとなったら奥さんはお兄さん二人に4000万円分を自分の財産から現金などで分ける、というのが戦後の均等相続の考え方です。ちなみに代償分割って言います」

「でっ、でも、遺言を書いてもらえばいいんだろう」

秋吉もまんざら知らないでもない。

「そう。二世帯住宅を建てるならまずは遺言です。同居の子どもに土地建物が残るような遺言がなければ、せっかくの家に住み続けられない可能性だってあります。さらに言えば、遺言も万能じゃありません。法定相続人には最低限の『遺留分』がありますから、こじれたときのためにその額は確保しておいた方が安心です。奥さんの場合、2000万円ですか」

相続、遺留分、2000万円……。正直、そこまで考えていなかった。しかも「相続」の前には「介護」の問題だってあるだろう。一緒に住む子世帯が介護に責任を持つのは当然かもしれないが、では福沢家の両親はどうなる？　長男としての沽券《こけん》が急速に頭をもたげる。目先の住宅取得資金の問題が、実は介護や相続という将来につながっているのに改めて気づいてがくぜんとする秋吉だった。

と、金田がツイっと顔を近づけ悪徳商人風に声を潜めてささやいた。

「同居しないで資金援助してもらうって手もありますよ」

え？　早くそれを言え。

「２００３年にできた『相続時精算課税』の制度です。住宅取得資金であれば親の年齢に関係なく２５００万円まで無税で親から資金を贈与してもらうことができます。税務署に申告することなど一定の要件はありますが普通２５００万円なら９７０万円かかる贈与税がゼロです」（相続時精算課税についてはＰ１８１も参照）

と金田は怪しく笑う。

「奥さんの実家はお金持ちっぽいので相続税がかかる可能性ありますね。その場合は相続発生時に贈与財産を合算して精算、納税することになるので得にはなりません。でも、先輩の実家みたいなフツーの家は、相続税は基礎控除の範囲内でかからないから、贈与税の分だけこの制度を使うと税金的にはトクですよ」

とはいえ、もらう原資がなければ仕方ないだろう。どうせうちはフツーだよ。秋吉はうれしいのか、悲しいのかわからなかった。

# 心29得

## 住宅資金の援助　同居以外に方法も

### ▶誰と暮らすか、それが問題

旭化成ホームズの二世帯住宅研究所によると、昔は長男夫婦との同居が主流だったが、親の年代が若くなるほど娘夫婦との同居比率が高まる傾向がある。誰と暮らすかで建て方にも工夫が必要。例えば、息子夫婦同居なら玄関は１カ所で一体感を持たせるが、嫁姑関係に配慮して家事空間は分離する。娘夫婦なら逆に家事空間は共有しても、玄関は義理の息子の体面が立つよう２カ所にする、といった具合だ。

二世帯住宅は後々、不動産を活用したいと思ったときに難しい場合もある。例えば同居がうまくいかなかったとき。土地の名義は親でも、上に子どもがローンを組んだ子ども名義の家屋があると、同居を解消して有料老人ホームに入りたいと思っても、土地だけ売却するのは難しい。また、銀行の「リバースモーゲージ」や自治体などが高齢者向けに手掛ける生活資金の貸付制度など、いざというときに家を担保に現金を借りる制度もあるが、子どもなどの同居人がいると利用できないのが一般的だ。

# ④税金と運用編

# 相続遺言書を残す

「一ツ、仙台市黄金町の住まい、二ツ、仙台市宝町の駐車場……」

ベージュのサポーターのひざをさすりつつ、正座し万年筆を握る千代。見よう見まねで財産目録を作ろうと文机に向かっているのだ。きっかけは先日、老人会で聞いた若い介護士の身の上話。なんでも父親の友人が経営していた町工場がつぶれ、連帯保証人の父親が莫大《ばくだい》な借金を背負ったこと。ほどなくその父親も亡くなり、「負の遺産」を相続した彼が今も必死に返済していると言う。

「感心だねえ」

相づちを打つ千代。ところが、隣に座っていた老人会仲間の歌子は、

「バッカでないかい。そんなの、相続放棄すれば良かったがに」

と言い放ったのだ。いわく、財産は正負両方を指すのだから、両方とも「継ぐ」「継がない」を選べるのだという。方法は三つ。一つは相続人が、亡くなった人の土地の所有権などの権利や借金返済の義務などをすべて受け継ぐ「単純承

認」。いわゆる一般的な相続のイメージだ。二つめはこれらの権利や義務を一切受け継がない「相続放棄」。そして三つめは、債務がどのくらいかわからず財産が残る可能性もある場合に、相続財産を限度に債務を受け継ぐ「限定承認」だ。

「でも、期限があんだわ」と歌子。相続が発生した時、通常の相続税の申告と納税は相続開始日から10カ月以内にすませることになっている。でも、もし相続放棄したり、限定承認を選ぶならば、相続開始日から3カ月以内に手続きしなければならないという。

「限定承認は相続人全員が選ばないとダミなんだわ」

相続人全員が共同で家庭裁判所に申述する。一人でも、「私は単純承認する」と言い張ると、限定承認は認められない。もし借金がある場合、債務返済の義務は相続人に移るので、3カ月過ぎにはすぐ借金取りが相続人のところに押しかけて来るという。

千代は借金こそないけれど、自分の相続がこのごろ気になっている。夫が亡くなった時は、妻である自分には相続財産の半分、もしくは1億6000万円までは課税されないし、家も夫と同居だったから「小規模宅地の評価減」も使えて、土地は評価額の80%を減額してもらえた。単純にいえば、相続税の計算上は1億円の土地が2000万円と評価されるわけだ。だが、自分の後の相続は子どもである大吉と葉子だけ。葉子は海外にいるし、大吉も東京に家を買い住んでいる。そうすると仙台の住まいの土地評価も、50％の減額にしかならない。まさか、相続税がかかるような資産でもあるまいが、とりあえずは財産を書き出しておこうと思ったのだ。

千代が、おぼつかない記憶をたどって財産目録を作り始めたころ、息子、大吉もまさに「遺言書」のことを考えていた。

「今日こそ、作ろう」

かつて入院の際慌てたのもつかの間、治ってしまうと、ノド元過ぎるとなんとやら。先延ばしにしていたのだ。

「相続本」を片手に、パソコンを立ち上げ、まず財産を洗い出す。自宅、貯金、株、投信、それに将来的には仙台の家か？　本には「不動産と預貯金は、詳細を書いておいた方がいい」とある。金額はまだわからないにしてもミツバチ銀行の預金は春子に、カブトムシ証券の株式はすべて秋吉に、など金融機関名や口座番号をいれておく。秋吉も夏子もなんとか独立した今、最優先は春子が不自由なく安心して暮らせること。法定相続の割合は妻の春子が2分の1、子の秋吉と夏子が4分の1ずつだが、遺族全員が納得すれば割合は変更できるらしい。条件を付けることも可能だ。例えば、

「不動産の全部を長男に相続させる代わりに、長男は遺言者の妻と同居し、生活費として月々10万円渡すこと」

など、希望に応じて書くこともできる。とはいえ、疑問だ。

「死んだ後のことはわからない。財産だけもらって他の条件を実行しないヤツもいるのでは？」

本によると、その時は他の相続人や遺言執行者が家庭裁判所に訴えて、遺言を取り消せるらしい。

「執行者って？」

次々疑問がわく。文字通り「遺言を正しく執行する人」らしいが、例えば秋吉を指名すると、秋吉が不動産・預貯金の名義変更など、遺言通りにことを進めるのに必要なことを、相続人全員の合意や署名がなくてもできる。いろいろな手間が省けるのだという。

「よし、じゃプリントアウトして……」

つぶやいた大吉だったが、次の章を見て驚いた。「パソコンは不可。内容を全部自筆で書いて、日付や署名も忘れずに」とあるではないか。さらには、公正役場に赴いて正式な公正証書遺言にしておくと、より安心、とある。大げさな、と思わぬでもないが、それで盤石になるなら手間とコストをかける意義はある。仮に1億円くらいの財産を3人に相続させる証書なら、手数料は9万円ほどらしい。

本によると、特に子どもがいない夫婦には、遺言書は必須アイテム。夫が亡くなると妻がすべてを相続すると思いきや、夫の親や、親が亡くなっていれば夫の兄弟姉妹にも権利が残るらしい。法定相続分は、妻が4分の3、兄弟姉妹は4分の1だ。ただ、遺留分といって最低それだけは渡さねばならない〝取り分〟は、兄弟姉妹にはないので、「すべてを妻に」という遺言書さえあればいいのだという。

相続人が複数いる場合は、日ごろ行き来がなくても、すべての法定相続人の判子が必要。

行方不明者がいれば、7年以上生死が不明な場合は、家庭裁判所で失踪《しっそう》宣告してもらう方法がある。不明になった時点から7年間の期間が満了して亡くなったと見なされる。でも、その人に子どもがいたら、今度はその子どもを捜さなくてはならない。

「いやはや、大変なこったな」

本を読みつつ下書きをつくりながら、大吉はため息をついた。まるで人生のすべてがこの書類（＝遺言書）に集約されるかのようじゃないか。

# 心30得

## 遺留分の請求は1年以内に

### ▶遺留分は黙っていてはもらえない

遺留分は法定相続分の半分。例えば夫、妻、子一人で、夫が「全財産を弟に遺贈する」と遺言を書いても、妻子には合わせて遺産の2分の1の遺留分があるので、これだけは取り戻せる。だが、取り戻すには相続が発生したことを知った日から1年以内に、夫の弟に対して遺留分の「減殺請求」をする必要がある。1年を過ぎると権利がなくなるので、トラブルを防ぐには配達証明付きの内容証明郵便で送るのがいい。

### ▶法定相続人以外に財産を残すには？

法定相続人以外に財産を残すことを「遺贈」という。最期の世話をしてくれた第三者や法定相続人ではない孫や法人など誰でも指定できる。法的に効力のある遺言書を残しておく必要がある。財産をもらった人には贈与税ではなく相続税が課税される。

# 最後の居場所は自分で決める

みーん、みんみんみん。今が盛りとばかりに響くセミの大合唱。真夏の太陽が容赦なく首筋に照りつける。汗をふきふき、ふと遠くの入道雲を仰いだ福沢大吉はつかの間、少年にかえった。「よく、父さんと虫取りをしたっけ」

「はい、お父さん、久しぶりでした。今日は大吉と春子さんも一緒だあね」。母、千代がしゃべりながら慣れた手つきでひしゃくの水を墓石にかける。「福沢家之墓」——大吉の父や祖父母がここに眠っているのだ。高齢の母が心配で最近はちょくちょく仙台に帰省する大吉、春子夫婦だが、今日はお盆前の掃除にやって来たのだ。

「……ったくよう……ほんっとに……どんだけ……」。背中を丸めながらもキビキビ手を動かして掃除をする千代が、さっきから絶え間なくブツブツつぶやいている。

「お母さん、お父さんとお話なさってるのね」、ほほ笑みかける春子。

だが、千代はキッパリ言った。「うんにゃ。あの鬼婆に文句さ言ってるだよ。ほんっとに意地わるぐてどんだけ泣かされたか」。どうやら、30年近く前に亡くなって墓に眠るしゅうとめ、夫の母親に文句を言っているらしい。「じきここに入るにしても、あの人と一緒かと思うと死んでも死にきれね」

その午後。墓掃除から帰った大吉と春子は縁側に並んでスイカをほお張っていた。千代は奥の座敷でお昼寝だ。

「さっきはびっくりしたな。そりゃ苦労したのは知ってたけど、まさか今でも根に持ってるなんて……」。普段は温和な千代だけに、墓に示した怨念《おんねん》に大吉はすっかり度肝を抜かれた。

「あら、女性には結構多いわよ」、一方の春子は冷静だ。

「『死んでこの墓に入るかと思ったら踏ん切りがついた』って熟年離婚する人、多いのよ。ホラ、ご近所の寺田さん、あちらは新しくご夫婦だけの永代供養墓、建てたって」、春子の〝ご近所データベース〟が稼働する。

「なんだそりゃ？　プーッ」。とスイカのタネを庭に吐く大吉の横顔を見て、春子は内心思う。（ほんっとに男ってのんきな生き物だわ）。

「永代供養墓というのは、お寺やお墓の管理者が責任持って管理・供養してくれるお墓よ。『○×家代々之墓』だと、〝家〟を継ぐ子どもがいなかったり、遠くて面倒が見られなかったりすると放置されちゃうでしょ」

戦前は、財産と墓は〝セット〟で長子が継ぐものだった。それが戦後に「均等相続」になり、財産は子どもの間で平等に分けるものに。一方の墓をめぐる権利と義務は明確な規定がないだけに、それぞれの家で宙ぶらりんになっているのが実態だ。

最近増えている永代供養墓は家単位でなく個人単位が基本。最終的にはほかの人と合葬する分、低価格で大体30万～80万円程度ですむ。一方、東京で普通のお墓を建てようとすると、土地の利用代（永代使用料）や墓石で２００～３００万円が〝相場〟とされる。青山霊園のような〝ブランド霊園〟ともなると空きが出ても1平方メートルで３００万円以上もする。

「ま、おれたちはさっきの墓があるからよかったな」、ほっとする大吉。だが春子はこの時とばかりに畳みかける。

「葬儀費用のことだってあるんですよ」

日ごろ気になってはいても〝この手の話〟はタイミングが難しいだけに、一気に詰めてしまおうと思ったのだ。日本消費者協会の２００７年のデータによると葬儀代の全国平均は約２３０万円もする。準備なく気軽に払える額ではない。

「オレはアレでいいよ、アレ。産地直送じゃなくて、死地直送」

「………」

大吉が笑えない冗談にしているのは「直葬《ちょくそう》」のことだ。病院など亡くなった場所から火葬場に直接向かう方式。通夜や告別式の費用が大幅に減るので30万円程度ですむらしい。都心部では既に3割程度の人がこの形を選んでいるという。ほかに海や山などの自然に帰す「散骨」、墓石の代わりに樹木の根もとに眠る「樹木葬」なども徐々に市民権を得てきた。

「いいよって言っても、残された者としては『せめて人並みに』と思うもんなんです。本当に直葬がいいならちゃんと文書にして残しておいてちょうだい。大体、この前の心臓病騒ぎの時に書きかけた遺言書だって、結局まだ書いてないじゃない。あと……」

みーん、みんみん。セミの声と春子の声が重奏になって大吉に迫る。

「夏休みの最後はいつも宿題に追われたよなあ。人生の宿題は早めにすませておくか……」

あぁ、夏、真っ盛り。

# 心31得

## 墓地や墓石・仏壇、生前に買えば節税

### ▶「多死社会」到来

年間死亡者数は現在約114万人（2009年）。これが右肩上がりで増加を続け、38年には約170万人と1.5倍に増えると予測されている。好むと好まざるとにかかわらず、「墓」や「葬儀」に対する需要は増え続け、個人もそのあり方を生前から考える時代が到来している。

### ▶税控除の活用も可能

相続税がかかる心配のある人は、生前に墓地や墓石、仏壇などを買っておくとよい。これらは相続税の課税資産から除外できるので節税効果がある。金投資を考えている人は仏具で残す手もある。金貨や延べ棒で残すと課税対象になるが、金の仏像や御鈴などの仏具であれば税務署の見解により異なるが、非課税の場合もある。

# おひとり様の身じまいは

夏目百子は先ほどから目の前の一枚の紙を食い入るように見つめていた。

「死亡保険金受取人」――。

その書類の、その8文字がアラフォー百子に様々な想念を呼び起こす。

きっかけは10年前に契約した「定期特約付き終身保険」の更新時期が到来したこと。今までと同じ保障内容でも、月々の保険料が1万円近く跳ね上がるらしい。

「あれは、確か……」。そう、今の会社に就職したての26歳の時のこと。知り合いの「保険のおばちゃん」に勧められるままに加入した。独身女性でありながら、2000万円と高額の死亡保険金が出るタイプで、その受取人は「夏目万由子」母親だ。

なんて無邪気だったんだろう。今の百子には10年前の自分がまるで他人のように思える。

「若かったのねぇ……」。深く考えず、就職したら生命保険に入るもの、と思っていた。そのくせ自分に「もしも」のことがあるなんて、遠い世界のこととしか思っていなかった。保険金受取人も取りあえず母にしたものの、「30歳ぐらいには結婚して、子どもが出来るだろうし、そしたら変更すればいい」と思っていた。あぁ、それなのに、それなのに……。

あれから10年。百子を取り巻く環境は変わらない。独身、子なし、家族は両親だけ。でも、変わらないようで、確実に変わった。両親がふとした拍子に見せる〝老い〟にドキリとし、疲れの取れにくくなった体を自覚する自分がいる。外資系金融機関の仕事は激務だ。時差の関係で度々の深夜、早朝勤務。ストレスも多い。でも、その分給与も高いし家賃もいらないから、気が付けば結構な資産が積み上がっている。

そこで、百子はハタと考えた。「今、急に〝もしものこと〟があったら、私の財産はどうなるんだっけ」——。

通常、遺言を書いて指定しておかない限り、法定相続人が相続することになる。ひとりっ子の百子の法定相続人は、今は両親だけ。親の老後資金になるならまだいいが、そのあとは？

百子の後に両親が亡くなった場合、その遺産は親の兄弟、つまり百子のおじ、おばへと渡り、彼ら亡き後はその子ども、すなわち百子のいとこへとつながって相続されるのが、法律上の決まりだ。「最後に会ったのは20年も前なのに」。日ごろほとんど付き合いのない人たちに、自分の血と汗と涙の結晶が渡るのは、いまひとつスッキリしない。

しかも、普通に考えれば、百子よりも先に親が他界する可能性が高い。すると、このままでは百子の法定相続人はいないことになり、最終的に国庫に収納され、お国のもの、になってしまう。「これまでも散々税金払ってきたのに、何に使われるかわかんないままに国庫に入れられるなら、いっそ……」

百子の脳裏に〝カレ〟の顔が浮かぶ。7歳年下の役者志望、フリーター。貯蓄残高16万円。カレの夢のために使ってもらうのはどうだろう？　もちろん、結婚していればコトは簡単だ。配偶者は常に法定相続人なので親が亡くなっていれば全額、親が存命中でも3分の2が夫のものになる。問題はそれが「籍」を入れた、いわゆる正式な結婚である必要があることだ。「書類手続きなんか意味ないよ。ボクらの愛に形式は不要さ」という、事実婚志望のカレの自由な魂と、どう折り合いをつけたものか。

相続では「籍」が重要な意味を持つ。たとえ、何十年別居していても籍を抜かない限り配偶者には相続権が残る。遺言を書いて別の相手（例えば愛人……）を指定したとしても、「遺留分」といって最低限残さざるを得ない割合がある。籍を入れない事実婚なら、相手は内縁の「特別縁故者」という扱いにとどまる。ほかに相続人がいない場合は、家庭裁判所が認めれば遺産を受け取ることも可能だが、入籍している場合の「自動的」とは大違いだ。ちなみに、内縁関係以外でも故人の介護などに尽くしてくれた人などが「特別縁故者」になることはできる。

一方の保険金受取人の場合については、会社ごとに方針が異なるらしい。「2親等以内の親族」に受け取りを限定しているところもあれば、実際の生活状態に基づいて籍の入っていない「他人」でも受取人に指定できるところもあるらしい。

その時。「チャリララ〜ン」。のんきな受信音が鳴ってカレからの携帯メールがやってきた。

「モモたん。今日の舞台は来れるよね\^^/　大富豪の遺産を巡る、サスペンスだよ〜ん。ハラハラドキドキ、おたのしみにー」。百子は思う。「あんたの方がハラハラドキドキだわよ」

# 心32得

## 親や子への相続権剥奪には厳しい要件

### ▶遺産、残したくない時は？

「この人には遺産を残したくない」――。そんな推定相続人がいる場合はどうするか？　配偶者と子、直系尊属（父母）には相続財産に対する一定の権利を認めた「遺留分」があるので、その割合を侵害した遺言を残したとしても、相続人が侵害した相手に「遺留分減殺請求」を行うと、遺留分については渡さざるを得ない。「それさえも渡したくない」場合は「相続廃除」といってすべての相続権を剥奪《はくだつ》する手続きを家庭裁判所に申し立てることはできるが、「虐待」や「著しい非行」があった場合に限られ、認められるケースは多くはない。一方、兄弟姉妹、おい、めいには遺留分がないので、相続させない内容の遺言を書いておけば、自動的に全額を遺言通りに配分することができる。

# おひとり様の住宅事情

あれは半年前のこと。

さわやかな秋風に乗って、漂うキンモクセイの香りが漂っていた。

「う〜〜ん」、夏目百子は大きくひとつ、深呼吸をした。

「今日から、ここで、生きていくのだ」。ダンボールが積まれた部屋を見渡す。

36歳、独身の初めてのひとり暮らしの城。長年住み慣れた実家を離れ、都心にマンションを購入したのだ。

「こんなご時世でしょ。値引き合戦がすごいの。新築マンションでも人気がないと2割、3割引きは当たり前、って。ま、当分地価は弱含みだけど、それでも不動産という実物資産持っといてもいいかなって。利回り的には悪くない物件も出てきたし」

目を白黒させる父、千石と母、万由子を前にいきなりの〝独立宣言〟をまくし立てた百子だった。「住宅ローンの金利競争もソコソコいいとこきてるし。ほら、メガバンクが、10年物の固定金利、引き上げたでしょ。物件価格的にもローン金利的にも、いいころ合いでしょうね」

　殊更、専門家風に語ったのは、父母に動揺を見せないためだ。お金に詳しい百子は、よく知り合いから住宅購入の助言を求められる――「今って、買い時？」

　つくづく思うのだが、その問いへの答えは一つ、「買い時、それは欲しい時」なのだ。

　ヤレ地価の動向だ、物件価格だ、金利水準だと外的条件を並べ立てても、あっさりそれを凌駕《りょうが》するのが人生イベント。「結婚する」とか「子どもが育って手狭に」「転職した」「心機一転したい」etc.etc.……。それぞれに事情があり、そこから切り離された「買い時」はない。で、百子の人生事情とは……？

　チャリラララ～ン。なじみのノンキな携帯メール着信音がガランとした部屋に響く。

「モモちゃーん。引っ越し、大丈夫？」from7歳年下の役者を目指すフリーター。そう、このカレの存在こそが今の百子にとっては人生イベント。実家住まいより、確実に会いやすくなる。別に結婚バナシがあるわけでも、同居するわけでもない。家を買ったからとて確かなことは何ひとつない。いや、むしろ先が見えないからこそ、自力で何かに答えを出したいのだ。結婚？　出産？　仕事は？……

無数の将来のはてなマークを跳ね返したくなった時、「オ〜ンナは〜家を買うのでしょう〜♪」。一人、替え歌をつぶやいてみる。

とはいえ、別名〝ご近所のマネー講師〟。実際には衝動買いとは無縁の綿密な購入計画を立てた。選んだのは港区の大通りから1本入った立地の2ＬＤＫ。築10年の中古マンションだ。ピカピカの新築は魅力的だが、大々的な広告宣伝の販売費用が上乗せされ、割高になる。住んだ途端、物件の資産価値が2割ほども下がるのは常識だ。

目当ての場所を絞った百子がまず行ったのが周辺の賃貸相場のチェック。自宅用に買う場合でも「貸す時いくら取れるか」から入るのは、地価上昇が見込めない時代の不動産選びの鉄則だ。貸しやすいよう、わざわざ一人にしては余裕のある間取りにした。最近は賃料相場の参考サイトも多い。

不動産の「適正価格」にはいくつかの算出方法があるが、一番簡単なのが「表面利回り」。購入価格に対して家賃収入が何％になるかをはじく。計算式は「想定月額家賃×12カ月分÷物件価格」。実際には諸費用などで、物件価格プラス5〜10％増しになるし、購入後は固定資産税などのコストもかかるが、メドにはなる。百子の場合、この立地でこの間取りなら月額家賃20万円は堅い。とすると、年収入は240万円だから、物件価格で2400万円なら利回りは10％、300

0万円で8%、4000万円で6%だ。4500万円の売値を4200万円まで値切った百子。表面利回り5・7%は、不動産投資信託（REIT）が組み入れる物件が5%程度であることからしても、悪くはない。

1200万円を頭金で入れ、ローンを組んだのは3000万円分。もっと多額の借り入れも可能だが控えたのだ。金融機関は「返済負担率」という年収に占める年間返済額の割合が30%程度なら貸してくれるが、それは貸し手の事情。借りた人が無理なく返せる額とは違う。百子は相当余裕を見て、毎月返済額は12万円程度に抑えた。

さらにローンのタイプも一工夫。2000万円分は35年の固定金利でガッチリ固め、1000万円分を変動金利とする2本立ての「ミックス型」とした。今の変動金利水準は確かに魅力的だが、「今後数十年もこのまま低金利」という賭けをする気はない。喩《たと》えるなら、「お堅い仕事で将来安定の彼氏」（＝固定金利）と、「将来はわからないが今は魅力的な彼氏」（＝変動金利）との「二またプラン」といったところ。

「ホントに二また、かけとこうかな……」つぶやいてみる百子、37歳まであと2カ月の秋であった。

# 心33得

## 変動金利は「怖さ」理解した上で

### ▶長期固定金利「今の水準でも十分低い」

ファイナンシャルプランナーの高田晶子さんは「今は長期固定でも十分低金利。返済額を固めればリスクを排除できる」と最近の〝変動ブーム〟に警鐘を鳴らす。変動金利は半年ごとに見直され将来どこまで返済額が増えるか読めない。しかも５年ごとの改定で、月々の返済額は25％増までに抑えるのがルール。気づかないままに「未払い利息」が発生し、なかなか返済が終わらない〝エンドレスローン〟化する恐れもある。

# 定年世代の運用、2%が難しい

定年に向けて歩む福沢大吉。制度や手続きの煩雑さに、少々疲弊気味だ。しっかり老後の生活を守ろうと気を引き締めたものの、

「それにしても世知辛《せちがら》い」

と、つい、ため息が漏れる。

「世界旅行なんてやはり夢か……。でも運用次第では可能性はあるんじゃないか」

と、今日は娘の夏子の勧めるファイナンシャルプランナー（FP）事務所を訪れた。

「退職金のうち、1990万円を一時金、残りの1000万円を企業年金にされるのですね」

事務所の社長を務めるFPがてきぱきと話を進める。世界自動車の場合は企業年金は年2・5％で運用してもらえる。大吉が自ら運用するのは退職金の残りと預貯金などの約2500万円だ。

「お恥ずかしい話、忙しさにかまけて運用なんて考えたこともなくて」

大吉が言うと、

「資産を把握しているだけでも優秀です」

と、FPが慰めてくれた。

「まずは資産をあまり細かく分割しないこと」

一つの商品に投資するのが怖くて複数の証券会社で株や債券を10万円、100万円など小刻みに買った揚げ句、手に負えず資産を把握できなくなる人は少なくない。

「老後の長期投資資金はバランス型投信やファンドラップ、変額年金などのうち一つにどんとまとめる」という。株、債券、不動産、できればヘッジファンドなども入ったものを選ぶ。この間の世界金融危機などの非常時は別だが、こうした金融商品は、様々な事態にある程度対応できるようにリスクを分散して組み合わせてある。信託報酬など手数料がかさむという指摘もあるが、国内外株式や債券、不動産などあらゆるところに目配りしなくても済むし、管理しやすいのは大きな利点だ。

「あくまで過去の情報ですが」

と、前置きしつつＦＰは、

「こうした商品は一時的に2、3割資金が減ることが10年に1、2回ありますが、10年、20年の期間で見れば年5％くらいの利回りを上げられそうです」と言う。

それでも損をしない保証はない。

「投資は増やす目的よりも、リスクをどこまで許容できるか」だというＦＰの言葉に、いつの間にか大吉のそばにきていた娘の夏子も大きくうなずく。

「年5％を目指すなら、2～3割の損失も覚悟」というではないか。

1000万円なら200万～300万円減るかもしれない。

「痛いなあ」

大吉がつぶやくと、ＦＰは、

「退職金ですから私は年2～3％のラインがいいと思いますよ」

と、助け舟を出してくれた。

2500万円のうち、2000万円を長期投資に、500万円を短期の攻めのおカネと分けてみた。長期の方は預貯金を半分、残り半分を国際分散型投信にして利回り2％を目指す。短期の方は自分がコレと思う商品で勝負する。この為替水準なら外国為替証拠金取引（ＦＸ）を始めようとか、債券投資だとかいった具合に分野を決め、集中的に情報を集めて勉強する。安定的に2％で運用できるようにし、あわよくば攻めのところで利益を上げる工夫をする。

「これならあちこちに気を配らなくていいし、短期で見るから楽しめそうだ」

大吉も納得する。

大吉のプランを聞き終えた夏子はひと足早く会社を出て、夏目百子と食事をするため青山に向かった。

「お父さん、やっぱりすごかったんだなって思う」

ほどよくざわついた和食店で、ビール片手に夏子が言う。

「父は今まで、運用や投資なんて考えなくても十分やってこられたわけでしょう？」

「そうね。でもこれからはみんなが何かしら運用を考えないと厳しいと思うよ」

百子が引き取る。

夏子が実家に寄ると、大吉が検討を始めていた。

「攻めの取引を始める前に必ず利益確定や損切りのルールを決めて、だって。百子さんからの伝言よ」

夏子は百子の口まねをしながら言う。例えば1割下がったら手放す、100円上がったら売るといった具合。

「でもなぁ。200万円で買った株が100万円に下がって損切りできるかなあ」

と言う大吉に、夏子は言った。

「じっと待っていたって、上がるという保証はないのよ。冷静になって仕切り直すことも必要よ」

いつになく夏子が熱い。

「お父さん、自分に厳しくなるのが先決よ」

「それができないからメタボなんじゃないか……」

と、大吉は心の中でつぶやいた。

# 心34得

## 預貯金中心に年２～３％の運用

博報堂が58～60歳の男女428人を対象に退職金の使い方を尋ねた調査（複数回答）では、およそ半数が貯蓄、17%が投資運用と回答した。投資運用と回答した人に運用先を聞くと男性の７割が株式取引を挙げた。ただ、投資対象を株式だけに限定するのはリスクがある。債券や国際分散型の投信などを加え、年２～３%の利回りを目標にするのがよいだろう。

## 損切りルールを定める

退職金の運用に限らないが、損切りができない人は多い。損を確定させたくない気持ちはわかるが、「10%下がったら売る」「100円下がったら見切る」といった自分なりのルールを取引開始前の冷静な時に決めて、原則通りに運用し傷を大きくしない対処も必要だ。

# 税金いくら払ってるの？　年末調整

「冬ちゃん、ハンコある？」

今年もあと1カ月ちょいを残すのみになったある朝。出勤前の団塊ジュニア、福沢秋吉は妻、冬美に尋ねた。

「何するの？」

「毎年恒例の書類。ホラ、年末ナントカってやつ」

会社の労務部から配られた、年末調整用の「扶養控除等申告書」などの書類のことだ。どんな意味を持つ書類か今イチわからないが、毎年機械的に名前を書いて判を押してきた。ところが、

「わかんないものに判押しちゃダメだよ。悪質商法防御の基本のキじゃない。あなたのとこの、ほら、例のお金オタクの子に聞いてからにしたら」

と、冬美は最近、めっきりお金の話に敏感だ。

会社の書類にまさか悪質商法はないだろうが、確かにいかなる書類かしっかり

把握しておいた方がいい。出社した秋吉は早速、「例のお金オタクの子」に声をかける。

「金田くん、ちょっといいかな」

今日までに会社に提出することになっている「扶養控除等申告書」と「保険料控除申告書 兼 配偶者特別控除申告書」の書類を示して、聞く。

「この書類、どんな意味があるの？」

と、金田はやおらまなじりを「キッ」とつり上げた。

「まさに飼いならされたサラリーマンの典型！ わかんないものにハンコ押して税金を納めるとは」

そうか、税金に関する書類なのか。

「大体、『税』という文字の起源は『とれた収穫をはぎ取る』っつーことですよ。それを何も考えずにはぎ取られるとは。自分でどんだけ税金払ってるか知ってますか？」

どんだけ……。

「えー、月10万」

「ブブーッ。それは相当高収入の人です。普通は税金より社会保険料の方が高くて、まー先輩程度だと税金は所得税と住民税で4万円強ですね。先輩はどうせ給与明細も最後の『差引支給額』という、手取りしか見ないクチでしょ。無関心すぎますよ。年金問題だって旧・社会保険庁はもちろん言語道断ですが、国民もちゃんと自分がいくら払っていくらもらうのか理解せねば。節約も運用も大事ですが、その前にまず税と社会保障の仕組みを知るのは……」

「基本のキだろ。でも、ほら、普段は天引きだから」

金田の目がキラリと光る。

「その天引き、すなわち源泉徴収こそが、年末調整に必要なこの書類の正体です」

つまり、毎月払っている所得税はあくまで〝ざっくり〟計算した仮の数字。本当の税額は年末になって1年間の給与総額が確定しないとわからない。あらかじめ取っておいた分との過不足を調整するのが「年末調整」なる作業らしい。さらに扶養家族や生命保険料など、「控除」といって事情に応じて割り引いてもらう条件を税務署に伝えるためにこれらの書類が必要なのだと言う。

「所得税は『収入』から必要経費を引いた『所得』にかかります。ちなみにサラリーマンの必要経費は『給与所得控除』といって、最低でも65万円と結構大きいんです。普通交通費は出るし、せいぜいスーツ代やクリーニング代ぐらいしかないけど。さらに妻子など扶養親族がいる人や生命保険料を払っている人は『色々大変でしょう』ということで割り引いてもらえるんですよ」

「そういえばウチの妻、今年退職したんだ。割り引いてもらえる？」

「お勤めの人なら、今年の収入がさっきの所得控除65万円と誰でも割り引いてもらえる38万円の『基礎控除』の合計103万円以内なら、年末に書類を出すと配偶者控除が受けられますよ」

それがいわゆるパート主婦が超えないようにと気にする〝103万円の壁〟か。

「扶養控除は日割りをしないから、たとえ1日でも扶養親族になれば1年分さかのぼって適用されておトクっすよ。例えば僕が12月31日に隠し妻と子を正式に扶養親族にすれば妻の『配偶者控除』の38万円と子の『扶養控除』38万円の計76万円が控除されます。所得税率を10％とすると8万円弱も返ってくるんですよ。ほかに住民税からも戻りますし」

こいつ、やりかねない。

「源泉徴収ってそもそも1940年に戦費調達用に導入した仕組みですよ。しかもナチスドイツに倣ったんですよ。納税は自ら自覚的に申告して行うのが筋です。戦後のシャウプ勧告も言っています。『納税者自らが確定申告することが民主主義の基礎である』」

博学な怒れる納税者、金田守なのだった。

## 心35得

# 所得控除の仕組みを知ろう

### ▶税金は平均で月４万円弱

サラリーマンの所得税額は給与から「給与所得控除」（給与に応じ例えば500万円の人は154万円）を引いて出した「給与所得」から、配偶者控除など14種類の「所得控除」の額を引いた額に税率をかけて出す。税率は５〜40%まで６段階。さらに税率に応じた控除額を引き最終的な税額が出る。ちなみに勤労者世帯の平均では所得税や住民税などの税金が月３万6000円で社会保険料は月４万4000円余りだ（2009年家計調査）。

# 住宅の損も少し取り返せる

今年もあと2週間。福沢家の面々もそれぞれ慌ただしい年の瀬を迎えようとしていた――。

「これがプラス20万円でこっちがマイナス１００万円……」

福沢秋吉が朝出社すると、部下の金田守が珍しく早くから電卓片手に何やら書類と格闘中だ。

「例のプロジェクトか。感心、感心」

「はぁ？　今年の株取引の収支計算っすよ。今年の年内最終受け渡しまで1週間もないので忙しいんです」

と、計算の手を休めず答える。

「どうせ、今年は散々だろ？　今さら無駄だよ」

秋吉はここぞとばかりいつも金田に言われる嫌みの仕返しをする。だが、金田はニヤリ、笑うではないか。

「ふっ。近視眼的なことをおっしゃる。長期投資家たるもの1年の収支に一喜一憂しません。3年先までにらんだ深遠な狙いがあるんです。確定申告をすれば、今年出した損は3年間繰り越せて、その分税金を圧縮できます。どの株を年内に売って損失を確定するのが一番得策か戦略立案中なんすよ」

仮に今年の株取引収支が100万円の損失で、来年に40万円、再来年に30万円、そのまた翌年に70万円の利益が出るとする。放っておけば税率を10％として、来年以降3年合計の税金は14万円。だが、損失を繰り越す手続きをしておけば100万円の損を埋めるまでは無税となり、最後の年の70万円の利益のうち40万円分だけが課税対象だ。3年合計の税金は4万円。要するに損失が10万円を生み出したも同然の効果があるらしい。

「名付けて〝損して得とれ戦略〟っす」

若干意味が違う気がするが……。むしろ〝転んでもタダでは起きない戦略〟だろ。

「へー。今年は僕も何かと物入りでだいぶ損したぞ。何かで得、とれないか？」

「できますよ。あ、でも……」

わざとらしく口ごもらずに早く説明せよ。

「先輩はこの前、家売って損が出たでしょ。それは使える、かも……」

確かに転勤のため大阪の家を売却した。およそ5年前に4800万円で買ったマンションを3600万円で売却したので、差し引き損失はざっと1200万円。この損が全部、〝得〟に回せるのか？

「基本的に5年超所有した家を売って譲渡損失が出れば、その損失は給与所得などから差し引けます。1年で引ききれなければ翌年以降3年分の所得から引けます」

新たに家を買わず賃貸への住み替えなら、譲渡損失額か、売却しても返せなかった住宅ローン残高のどちらか小さい額が対象。新たに買い替えるなら、新居で10年以上のローンを組むことなどが条件だ。

「僕の場合はローン残高3800万円だから2000万円か。所得税をそれだけ節約できるのか？」

「ただ……。前の家の入居はいつっすか？」

「5年前の4月かな。諭がまだちっちゃくて、桜がきれいでさ……」

すっかり上機嫌の秋吉を、ふと気が付くと金田が哀れみの目で見ている。

「『譲渡した年の1月1日現在で5年超』でないとダメです。来年以降でないと条件を満たしませんね」

バカなっ！　来年まで待てばよかったのか？　わずかな日にちの差で大きな違

いじゃないか。

「法律はどこかで線を引かねばなりません」

金田は重々しく言う。

「ほかに給与所得と相殺できるものでは、ゴルフ会員権の売却損があります。会員権相場もまだまだ安値圏。どうせ使わないなら処分して大きく損を出す手もあります」

そんなぜいたく品、あればこんな相談しないよ。でも父、大吉は確か持ってたな……秋吉はショックでぼうぜんとした頭で思った。

そのころ、大吉は縁側でゴルフクラブを磨いていた。

「お父さんっ！ 今日こそ歯医者さん行って！ もう年内、何日もないんだから」

と、母、春子は機嫌が悪い。子どものころからの歯医者嫌いは60歳過ぎた今も直らない。うずく歯をだまし、だましだましてきた大吉だが、

「もはやこれまでか……」

と、観念した。痛みのせいではない。年末が迫るにつれ高まる、春子の圧力のせいだ。

何でも今年1年、世帯で払った医療費が10万円超なら、最高200万円まで所

得から控除ができるらしい。しかも、どうせかかる医療費であれば、今年の分は今年にまとめるのが賢い控除法らしい。来年にまたがると、また10万円分は下限として足切りされてしまうからだという。道理でこれまで大吉の体に無関心だった春子が、年末を前に急にあちこち、医者に行かせようとするわけだ。オレの健康より、お金が大事か……。

「お父さんっ!」

頭上で春子の声が炸裂した。

# 心36得

## 歯列矯正・不妊治療も医療費控除の対象

### ▶還付申告は1月からできる

確定申告の中でも源泉徴収された税金の一部が戻る「還付申告」は払った年の翌年の1月1日から5年間可能。年内に書類をまとめておけば、確定申告の込み合う時期の前にすませられる。還付申告の中でも多くの人に関係あるのが「医療費控除」だ。配偶者や子どもにかかった額も合算した世帯合計で、その年の1月1日～12月31日にかかった医療費のうち、保険などで補填される額を除いた実質負担額が10万円（所得金額が200万円未満の場合はその5％）を超えた分を控除できる。

病院に支払った額だけでなく、通院にかかった交通費や薬局で買った風邪薬なども原則、対象になる。ほかに判断に迷うものとして、不妊治療費、子どもの歯列矯正、義歯、病人の付添人への費用は原則控除可能。美容目的の歯列矯正、インフルエンザの予防接種、マイカー通院する場合のガソリン代などは原則控除不可である。

# その保険、入り方次第で税金違います

午前4時。朝早く目覚めがちな大吉は既に起き出してパソコン画面に見入っていた。

「ちゃんと理解しないと、カネの無駄遣いだからな」

先日、思わぬ入院をして、公的な社会保険でカバーされるもの、されないものがあると思い知った大吉。生命保険に関しても急に気になり始め、おカネについて本気で向き合いたくなったのだ。

調べているうちに、妙な記述を見つけた。

「保険金に税金がかかるって？」

保険金すべてを春子や秋吉に残してやれるわけじゃないの？　とっさに携帯電話を手にしたが、時計を見てメールに切り替えた。相手は隣家の頼れる一人娘、夏目百子。百子はすっかり大吉のマネーコンサルタントだ。後ほど百子から返信が来た。

「死亡保険金を受け取った場合、税金はかかります。今晩は実家に帰るので、詳しくは夜にでも」と、ある。普通、残された家族が生活に困らないように加入するのが生命保険。そんな虎の子の保険金にも、しっかり税金がかかるのか。

その晩、訪ねて来てくれた百子によると、同じ保険金でも保険料の負担者や受取人などによって、税金の種類や額が異なってくるというではないか。例えば30年ほど前、夏子が生まれたのを機に、大吉が追加した3000万円の定期付き終身保険。大吉が亡くなった場合に、春子が保険金を受け取るようにした。保険料を支払っているのは大吉。この場合は受取人である春子に相続税が生じる。

「相続の時には基礎控除額があるよね」

大吉がお茶を勧めながら百子に言う。

「5000万円に法定相続人一人につき1000万円を足した金額だから、うちは8000万円でしょ」大吉は心配そうに畳みかける。「預貯金や不動産に保険金の3000万円が加わると、8000万円の枠を超えそうで……」

「まあまあ、大吉さん、落ち着いて」

百子が逆に大吉にお茶を勧めた。

「保険金には相続の時の基礎控除とは別の控除があります。死亡保険非課税額といって、500万円×法定相続人分が保険金額から差し引けるんです」

と百子。春子が3000万円受け取るにしても、課税対象となる財産は1500万円とみなされるわけだ。春子一人が保険金を受け取る場合でも、子どもたちの非課税額分も使える。

不動産にしても、普通の家なら小規模宅地の評価の特例があって、配偶者が相続すれば評価額を80％減額できる。この特例を使えば、配偶者は全体の相続額が1億6000万円までは相続税がかからない。結局、「相続税を支払うのは相続案件全体の4％くらいですもの」と百子。

でも、中には夫を被保険者にして、妻が自分を保険金の受取人にして加入し、保険料も負担するケースがある。

「この場合は妻の一時所得になります」

保険金額から払い込んだ保険料の総額と50万円を差し引いたものの半分、が課税対象の一時所得となる。

「ほかの所得と合算されて、所得税が課されます」

と百子が説明すると、

「ふーん、オレが死んで春子の所得が増えるというわけだな」

と納得する大吉。

一番気をつけたいのは、夫が亡くなった時の保険金の受取人を子どもにして妻が保険料を支払うような契約だ。

「これは税負担が一番重い贈与税になってしまいます」

と百子。保険金額が３０００万円の場合、基礎控除額１１０万円を差し引いた２８９０万円が課税対象となり、しかも税率は50%。ほかの控除もあるが最終的に税額は１２２０万円にのぼる。せっかく保険を掛けても、保険金額の３分の１以上が税金という勘定だ。加入の仕方で、０〜１２２０万円まで税金が変わるなんて……。

「ちなみに医療保険の入院給付金などは非課税ですよ」

と、先ごろの大吉の入院を気遣って百子が言う。

「ただし、確定申告では注意してください」

所得税の確定申告で医療費控除を申請するとき、「保険金などで補塡される金額」に該当するので、支払った医療費から保険金を差し引かないとダメ。場合によって医療費以上に保険金がもらえることもあるが、その場合は当然、医療費控除の還付申告はできない。

今まで、税金などほとんど意識していなかった。

「まだまだ勉強することが多いなあ」

何かを始めるのに遅すぎるということはないと自らを奮い立たせる大吉だった。

# 心37得

## 過度な見舞金なら課税される可能性

病気やけがなどにまつわる医療保険の給付は非課税のものが多い。治療費や入院費給付金、見舞金や、手術給付金のほか、病気やけがで仕事ができない時の所得補償保険金も非課税。交通事故による損害賠償金や車両保険金なども原則課税されないが、見舞金は「社会通念上ふさわしくない金額」だと課税されることもあるようだ。

## 生命保険の受け取り方は考慮して

例えば夫が保険料を負担し、自分が死亡した場合に妻が保険金を受け取る生命保険に加入していた場合。妻は保険金を一時に全額受け取るか、年金で受け取るか選択できるものがある。年金の場合、雑所得となり所得税・住民税がかかる。パートの給与などほかの所得と合算して確定申告するが、気をつけたいのは年収が年金分だけ多くなること。収入に応じて国民健康保険の保険料が高くなるうえ、子どもがいる場合には児童扶養手当の所得制限を超えてしまう場合もある。

# 投資の損を少しでも取り戻したい



「思わぬ負担で驚きました」

6月のある日、福沢大吉に世界自動車の同期から、こんな表題のメールが届いた。内容は、多額の住民税を取られたという愚痴。ん、住民税？ カレは3月に退職して、しばらく休むと言っていた。継続雇用のオレとは徴収のされ方が違うのかもしれない。

大吉は、マンション暮らしを始めた隣家の娘、夏目百子に電話をしてみた。

「あ、住民税ですね」

百子が、きたきたというように言う。会社に勤めている時は、12月の年末調整で税金が精算されて6月から翌年の5月分までの1年間の住民税が給料から毎月徴収されるという。だが退職すると、会社は当然天引き処理をしてくれない。退職後は翌年5月までの分を自分で納めなくてはならないのだという。しかも退職月で請求のされ方が違うこともあるらしい。

「1月から5月に退職した場合は、たいていは退職月のお給料から5月までに納付する分の住民税をまとめて徴収されます。6月以降に退職される方が退職月のお給料から徴収されるのはその月の分の住民税だけ。一時的には負担感は少ないけど、退職した翌年の5月までの残りの分は、自治体から納税通知書が来ますからこれで一括か、分割で納付するんです。3月に退職なさった同期の方は、まずその年の5月分まで住民税を退職月のお給料から引かれたんでしょう。さらに、前年12月確定分、つまり6月から翌年5月までに払う分の納税通知書が6月に届いたんでしょう。定年前は一般にお給料が高いですよね。定年直後の年の住民税は前年の所得をもとに計算されるので住民税の負担が重い人が多いです」

百子は詳しく解説してくれた。

「さらに言うと、確定申告をすれば税金が戻ってくることも結構ありますよ」

えっ、税金が戻る？　会社を退職した翌年の2月16日から3月15日の確定申告期間は要注意。というのも、会社員は毎年12月の年末調整で税金が精算されている。だから年収が2000万円以下など、普通の人は申告をしなくていい。

「でも年の途中で退職すると年末調整がないから、生命保険料や自宅の地震保険料を払っている人などは、確定申告して税金の還付を受けるんです」

じゃあ、申告しないと取られ損ってことか。

「退職金をもらった時には、退職所得の受給に関する申告書を提出しましたよね？」

と百子が念を押す。これも提出しないと、20％の源泉徴収をされてしまうが、確定申告すれば、納め過ぎた分の税金が戻るのだ。税金の手続きなどに必要になるのが、「給与所得の源泉徴収票」と「退職所得の源泉徴収票」。大吉も大切な書類だと聞き、ちゃんとファイルに管理している。

「本当にサラリーマン時代は何でも会社にお任せだったんだなあ」、大吉はため息をつきながら受話器を置いた。

同じころ。大吉の息子、秋吉の嫁、冬美がいらついていた。近所に来たついでに久しぶりに訪れた、証券会社の窓口でのこと。まだ、株取引に関する軽減税率が適用されているか、念のために確認しようと思い立ったのだ。

「2011年分までは源泉徴収の場合も申告分離課税の場合も利益に対し10％の軽減税率が適用されます。でも、お客さまの投信は今買い取り請求されますと損失が出てしまいますね」

と窓口の女性。そんなこと言われなくても分かってるもん。すると、

「ほかに株や株式投信で売却益が出ていれば、投信の損失と通算できます。それでもまだ売却損が残れば、確定申告で損失の繰り越しができます」

のに？

と、続ける。え、確定申告？　その手間が嫌だから源泉徴収ありの口座にした
「ええ。申告を条件に、損失は3年間繰り越せますから、例えば来年大きくもうけた時に、その損で通算して支払う税金を減らせます。さらに２００９年1月1日以降に支払いを受ける配当所得も譲渡損失との損益通算が可能になりました。その場合の配当は『申告分離課税』を選択していただきます」

するると、配当金で源泉徴収されていた分を取り返すことができるという。ただし、注意点がある。配偶者控除だ。妻に年間38万円を超える所得があれば配偶者控除から外れてしまう。他の給与所得やＦＸであげた利益なども同様に合計38万円以内でなければ、申告して戻ってくる、源泉徴収の10％分をもらっても家計トータルでみれば損になりかねない。

さらに同じころ――。秋吉の後輩、金田はパソコン画面に見入っていた。

「ホント、申告分離課税サマサマだよなあ」

金田は「くりっく３６５」という取引所取引のＦＸを使っている。これは利益に対して申告分離課税が適用されており、利益の多寡にかかわらず、所得税と住民税を合わせて税率は一律で20％。極端に言えばもうけが１０００万円でも10万円でも税率は20％で済むのだ。もし店頭取引のＦＸを使っていると、ＦＸで得た

利益は雑所得となる。ほかの所得と利益を合算した金額に対して課税する総合課税が適用される。金田の年収は５００万円ほどなので、所得税と住民税を合わせて税率は30％。もし課税所得額が９００万円を超えたら税率は43％にもなる。

課税所得額が１９５万円以下の少ない人の場合は、総合課税なら15％で済むところが、申告分離課税にすると20％になってしまう。けれど、一定額以上の課税所得がある人にとっては、申告分離課税の方がお得なのだ。しかも申告分離課税なら、もし商品先物などで損失を出した場合、それをＦＸで手にした利益と通算できる。人によってはさらに税金が減らせるというわけだ。

「支払わなきゃなんないものも、よりお得な方法がないかチェックすべし。たとえ、税金でもね」

満足げに一人つぶやく金田であった。

# 心38得

## 配当の確定申告　38万円超え注意

### ▶譲渡損繰り越せるのは３年間

上場株や公募株式投信を損切りした場合、損益通算の対象に2009年から配当所得が加わった。今までは売却損が出ても、配当所得に対しての10%の源泉徴収はされていた。今後は売却損と配当所得が通算できるので、翌年に確定申告すれば源泉徴収分を取り返せる。

### ▶配偶者控除との見合いを

専業主婦が損益通算を目的に、10%の源泉徴収で終わっている配当所得をあえて確定申告する場合、配当所得が配偶者控除の基準所得である38万円を超えてしまうと、控除が受けられなくなり、夫の所得税や住民税の負担が増加してしまう。38万円のラインは配当所得などでも注意が必要だ。

# ⑤その他もろもろ編

# 孫の教育費・受験費用はジイバア負担？

「なんだ、この〝協力〟って」

2年前のある日、大吉がパソコンを立ち上げると、息子、秋吉からのメールが。タイトルは「協力願い」とある。不審に思いながらも読むと、孫の諭が3歳になり、保育園から「楠学園」という幼稚園に転園するという。私立小学校を目指して〝お受験〟する子どもが集まり、レベルも高いが月々の支払いも高いことで有名だと聞いたことがある。その入園金を出すよう〝協力〟してくれないか、というのだ。

「来た、ジジババへの援助要請」

と、話を聞いた夏子が事もなげにいう。

「事務所のお客さんにも多いのよ。家計の補塡で親から援助を受けている30代」

大吉は、「ちゃんと仕事してるのに、何を出してもらうんだ」と驚いている。

「自分でできる範囲じゃなくてベストを望むから足りなくなるおカネを出しても

らうのよ。家とか孫の学費、旅行代いろいろ。祖父母が出す教育費には贈与税もかからないようだし」と、夏子。

1週間後、秋吉一家が大吉の家にやってきた。

「じいじ、ばあば、こんにちは」

諭がちょこんと頭を下げる。

「はい、こんにちは。いい子ちゃんですね」

秋吉のメールには不満顔だった春子なのに、諭の顔を見るともうメロメロ。

「諭は素直だろう？　絵も字も上手で足も速いんだ」

と秋吉が自慢げに言う。

「それでね、相談なんだけど。諭を大学まである私立小学校に行かせたいなと思っていてね」

「お前、普通の会社員で大丈夫か。一体、いくら掛かるんだ」

と大吉は目を見張る。

「ちょっとこれ見て」

と秋吉が出したA4の用紙には、おおよその費用の数字が並ぶ。学校によるが私立小学校の場合、授業料などの教育費が6年間でおよそ800万円、受験準備に通う教室の月謝が2年間で200万～250万円。

「小学校で1000万円か……」

大吉はため息をつく。

「確かに高いけれど、公立に行っても受験で塾に通うし、大学までの切符だと思えば、ね。受験から解放される分、いろいろなことができる。いい教育環境を買うようなものだよ」

秋吉は大吉の胸の内を悟ったかのように熱心に話し出す。

「オレは中学受験して中高一貫校に行って、また大学受けて、受験受験で大変だったから、諭には違う道を用意してやりたいんだよ」

秋吉の妻の冬美も畳みかけるように言う。

「私も仕事を見つければ、諭一人なら私立にやれると思うんです」

今は共働きだからこそ、小学校受験を選ぶ親も多いという。受験はいつも大変だが、中学や高校入試の厳しさに比べたら、受験者数の少ない小学校受験のほうがまだましに思える。中学受験は共働きの親にとってはお弁当や勉強をみる負担が重いというのが秋吉夫婦の言い分だ。

「諭ちゃんは秋吉と違ってお行儀もいいし、言われてみればお受験向きよね」

と乗り気な春子に秋吉がわが意を得たりと話し出す。

「だろう？　オレも向いていると思うんだ。問題はカネだけ。こんなご時世で、昇給も厳しいし……」

　すかさず大吉が、

「夫婦で働いても経済的に厳しいのなら、分不相応ってことだろう」

と渋い顔をする。

「今は私立も会社員の子どもが多いんだぜ。親と同じ敷地に家建ててもらったり、孫の学費とか旅行代とか出してもらったりっていう援助はあるらしいけれど」

　と秋吉が平然と言ってのける。

「親の援助をアテにした進学か？」

　大吉は秋吉の、その根性が気にくわない。

「仕方ないだろう。今は6ポケットで子どもを支える時代だよ。冬美の親も援助してくれるし」と秋吉。

「私たちもたいしたことはできないけれど、諭ちゃんのためなら、ねえ」

　春子は秋吉にはなんとも甘い。諭はかわいいが、これが〝当然〟と思われては釈然としない。子どもの世話になるどころか、一体いつになったら子どもの世話から解放されるのだろう。思わぬ伏兵が登場した。

　あれから2年、いよいよ諭の〝お受験〟が近づいてきた――。

# かけた教育費、投資のリターンは？

9月のとある朝早く、福沢冬美は抜き足差し足で社宅の階段を下りていた。

「今日は誰にも見つかりたくない……」

井戸端会議につかまったら最後、何分おしゃべりに付き合わされるかわからない。今日は帝王小学校の入試募集要項の配布が始まるのだ。早く行ったからとて合格するものでもないが、心がけが大事だ。

ひとり息子の諭は親が言うのも何だが、将来有望だ。お絵描きや工作、幼児教室で見せる非凡さといったらどうだろう。でも、相当おっとり型。社宅の子も多い近所の公立小には向いていない、と思う。大学までエスカレーター式一貫教育で有名な帝王でこそ、諭の才能が開花するのではないか。問題は帝王は高い学費でも有名なことだ……。

非凡な5歳児の父、福沢秋吉は会社の机で背中を丸めて電卓をたたいていた。

「受験料が3万円、足す入学金35万円、足す授業料95万円……初年度納入金だけで150万円か」

「さらに足すことの、数多い行事にかかる費用やお母さん同士のお付き合いコストで数十万円」

いつの間に背後に立ったのか部下兼マネー指南役の金田守がのぞき込んで言う。

「うちの給料で帝王はきついっすよ。大体、子どもって一番安上がりな『全部公立・自宅コース』でも、幼稚園から大学まで約1000万円。それが『全部私立・下宿コース』なら約2500万円もかかるんですよ。教育費関連だけで。食費なんかの基本養育費が平均約1500万円として、子ども一人大学まで育てると2500万〜4000万円ですよ、恐ろしくないですか？」

はい、恐ろしいです。だが、秋吉は大人の余裕を装う。

「ま、子どものないキミなんかそういう風に計算するんだろうけど、全額一度に必要な訳でなし、生活の中では節約したり運用したり何とかなるもんさ。郵便局の学資保険にも入ってるしね」

「今、5歳ですよね」。キラリ、金田の目が光った。仕事では見せたことのないきらめきだ。

「そのころ加入の学資保険は元本割れですよ」

そんなバカな。郵便局の学資保険と言えば、教育費への備えの王道だ。元本割れのはずがない。

「月々いくら保険料払ってます？　９５６０円すか。18歳の満期までの支払総額は、９５６０円かける12カ月かける18年で、はい、いくら？」

ついつい言われるままに、手元の電卓を素直にたたく秋吉。

「２０６万４９６０円……」

「ね、それだけ払って満期時に２００万円と配当金を受け取る商品ですよ。昔の運用環境が良かったころは配当金も結構良くて高利回りでしたけど、今は貯蓄性は高くないです」

その代わり、親に万一のことがあると、以後の保険料支払いが免除されるなど「保険」機能もあるが、「それは別に掛け捨ての定期保険に入った方が割安」だと言う。そもそも秋吉も勧められて入った生命保険が既にある。

「しかし、どれだけ子どもに〝投資〟してもそのリターンは全く保証の限りではないんだから、教育費って恐ろしくハイリスクですね」

不吉なつぶやきを残して去る、金田だった。

その夜——。秋吉は実家の福沢大吉家に寄った。母の春子が電話で「渡したいものがある」と言っていたからだ。

「これ、どうぞ」

いつになく改まって母が差し出したのは預金通帳だ。名前の欄には「福沢諭」とあるではないか。残高の欄には３００万円の数字が。

「これ……」

「時々諭ちゃん名義で預けてたの。暦年贈与で贈与税のかからない１１０万円の範囲内で。でも、税務署が『本当にあげたのか』って後々面倒になることもあるっていうし、そっちで持っててちょうだい。ハンコもうちのとは替えてるわ」

母さん……。

「祖父母が出す教育費も出し方によっては課税される場合もあるようだし、こうしとけば安心だ。うちみたいに相続税のかからない家はあまり心配することもないんだろうがな」

父さん……。

思わず目を潤ませる秋吉に春子が言う。

「お父さんと冗談で、あなたたちの教育費で世界一周できたねって笑っちゃったわ。でもいいの。元気に育ってかわいい孫もできたし。それが最大のリターンよ」

人生は経済合理性だけではないんだ、金田くん……。秋吉は親のありがたさをかみしめた。

# 連結会計時代、教育費負担は親のスネで

「ああー、だめだー」

パソコンの家計簿画面をにらんでいた冬美が机に突っ伏した。ボーナスが減り、福沢秋吉家の家計は今年、赤字転落が確実だ。無事、帝王小学校に入学した論の教育費は、なんだかんだと恐ろしいほどかかる。

製薬会社勤務の正社員の夫がいても、低成長時代はライフプランを急遽《きゅうきょ》組み直さねば、とても家計が回らない。

「とりあえず自分の実家との連結会計作戦。そして大きな時間枠での投資作戦だ」

冬美は唇を引き結び、頭をフル回転させる。

まずは、家。冬美はゆくゆくは実家での同居か二世帯住宅住まいをもくろんでいる。しばらくは論の通学を考慮しなくてはならないが、最近拡充された住宅取得時の財産移転を促す制度を使わない手はない。２００９年１月１日から２０１

0年12月31日までに親や祖父母からもらった住宅資金は、通常の暦年贈与枠110万円に500万円をプラスして、合計610万円まで贈与税を払わずに済むのだ。これに自分たちの貯金を加えて1000万円を頭金にすれば……。パチパチパチッ。

「3500万円相当の物件までOKだけど」

電卓をたたき、さらに計算。以前のマンション購入では失敗したが、今回は雪辱戦だ。底値といわれるこの時期と親からの早期の資産移転を利用し、将来は転売か貸し出しで資産運用できる物件を購入して収益源にするのだ。

「もう秋ちゃんには任せないから」

冬美は雑念を払うように頭を振る。少し余裕をもたせて、毎年の返済額の上限を秋吉の年収650万円の20％以下、約120万円までとする。35年固定金利ローンの金利をわかりやすく年に3％とすると、元利均等払いで月々の返済額は約10万円。年収の約4倍、約2600万円の借り入れが可能だ。「でも実際は、総額4203万円も返すのね」

返済方法を元金均等払いにすれば返済総額は3969万円ほど。

「返済総額でみれば断然こっちだけど、月の返済負担が約12万7000円かあ」

月々2万7000円の負担増に耐えればトータルで234万円も浮く。でも無理して破綻したら、234万円どころの損じゃないのは、よーくわかってる。しょうがない、やっぱり元利均等にして、さっそく物件のリサーチを始めよう。

それにしても後悔が募る。値札も見ずにスーツを買っていた独身時代、貯金していれば今、悩まずに済んだのに。

「……どこで計算が狂ったのだろう」

思えば当時は、結婚しても親の懐ありきの家計なんて、考えてもみなかった。我ながら情けないやら親に申し訳ないやら。でも、給料は頭打ち、教育費や住居費はかつてと同レベルかそれ以上にかさむ。時代が変わったのだ。

「今年はボーナス減って、しんどいんちがう？　諭ちゃんの授業料とかなんとか、まとめて少し送ろうか？」

ちょうどその時、冬美の母、富美《ふみ》から電話がかかってきた。

「ありがとう、また相談させてもらうわ」と冬美。

実はもう調べてあるのだけれど。数年分の学費としてまとめてもらうと、孫への「財産移転」とみなされ贈与税が生じてしまう。でも、修学旅行費や留学費用など、費用が発生するたびに祖父母に支払ってもらえば、贈与にはならない。財産移転ではなく、扶養義務として負担したことになるからだ。

「冬美、貯金なんぼくらいあるんやろ。ほんまにしんどかったら、アパートひと足早く譲ってやらなあかんかな」

　受話器を置いた富美は心中穏やかではない。冬美の実家・内村家はプチ富裕層で学生相手のアパートやマンションをいくつか持っている。その中で、家賃収入が月に32万円ほどの小さなアパートの建物だけ譲るというのだ。

　例えばその建物を簿価の1200万円から預かり保証金を差し引いた額で冬美が買う。金額の絶対額は大きいが、その後、すぐに家賃収入が見込める。もし即金で冬美が支払えれば、すぐに年利回り約3割の金融商品を手にするようなイメージ。贈与にならず、親は利益がないから譲渡税もない。

「収入が減ったら支出を減らす。家も会社も同じことで、身の丈に合わせればいいんだ。まったく、冬美の見えっ張りなことといったら」

　クールな冬美の父親、鑑一は新聞から目を離さずに言う。目に見える財産をあてにするのではなく、その冷静な思考こそ、冬美が最も受け継ぐべきものなのだが……。

# 娘の結婚問題……親も婚活に忙しい

「福沢さん」

会社から帰宅途中、大吉は駅の改札口で隣家の夏目千石に声を掛けられた。

「ああ、夏目さん。今お帰りですか？」

役員で現役を退いた千石も、まだ仕事をしている。自分の半歩先を歩む千石に教えられることは多い。娘の百子にも世話になっている。

「用事がなければ一杯いかがですか」

千石はよく家に誘ってくれるが、今日は珍しく外で飲みたいらしい。

ネタがいいと地元で人気のすし屋に腰を落ち着け、まずビール。千石は何か言いかけては口をつぐむ。

「何か、お話があったんじゃないですか」

大吉が水を向けると、千石が意を決したように向き直った。

「実は百子のことなんだ。秋吉君の友人とか、福沢さんの会社とかでだれか紹介してもらえないかと思って」

千石がひと息に言う。

「ええ？ 百子さんはモテるでしょう。美人で、資格も持っていてアタマも切れて。秋吉の友達なんて、物足りないんじゃないかなあ」

大吉が笑うと、千石がグラスを見つめながら言う。

「そう言ってくださるのはありがたいし、確かに収入は高いかもしれない。でもこのまま一生独身では、あまりにも寂しいだろう」

千石は苦そうにビールを飲む。

「結婚して家庭を持って仕事すればいいだろう？ そんな話をしたら、百子、『古い、放っておいてくれ』ってえらく怒ってなあ」

「実はね」

千石が声を潜めて続ける。

「この前、我が子を結婚させるための見合い会っていうのに行ってみたんだ」

「えっ、お見合い？」

驚く大吉に、また小声で千石が言う。

「だから、子どもを結婚させるための親向け講座に1万5000円払ってね。今は〝婚活《こんかつ》〟っていってね、本人も親も就職活動のように『結婚するんだ』という意志をもって動かないと結婚できない時代だと言われたよ」

　同じころ、東京・青山のイタリア料理店――。仕事を終えた夏子と百子がワイン片手に深刻そうに話していた。

「ひどいのよ、うちの親ったら突然、結婚しろ、年収が自分より低くてもいいじゃないか、理想より現実を見ろとか言いだして」

　みけんにシワを寄せた百子は席に着いてからずっとこの話題だ。

「結婚しない、なんてひと言も言ってないのに。この間までうちは娘がいてくれて居心地がいいなんて言ってたくせに」

　言い終わるなりワインをあおった。

「ウチも同じよ。親は起業なんて夢を見ていないで、ちゃんと結婚しろってうるさいわ」

　夏子が言う。

「でも言うだけでしょ。ウチなんて親が講座やら親同士の見合い会やらを調べて行ったみたいだし、私にも結婚サービスのネット登録をしろってうるさいんだから」

　百子はますますみけんのシワを深くする。

「えっ、親同士が見合いしてどうするの？」

夏子が驚いて尋ねた。

「親が子どものことを話し合って、マッチしそうな条件の人をみつけるらしいの。私はただ忙しいだけだし、今は仕事が楽しいのに」

百子が続ける。

「もし結婚しなくても将来は親の面倒見て、文字通り大黒柱になって支えてもいいと思っていたのだけれど……」

とも言う。

「そうね、私の会社でも親を扶養している先輩がいるわ。その方が税金面でも得なんじゃゃない」

と夏子も相づちを打つ。けれど百子は顔を曇らせ、

「うちの両親、結構年金もらえるのよ。生計を共にしても、扶養控除も健康保険料の免除もないかも。つまり、私が結婚しないメリットは金銭面でも少ないわけ」

と言う。

「えっ、どういうこと」

と尋ねる夏子に、百子は、

「公的年金とかが月に10万円くらいで、ほかに収入が無いような親なら、扶養し

ている息子や娘は扶養控除が受けられるの。控除額は親が70歳以上で同居なら58万円、別居でも48万円よ。でも、ウチの親は年金が多いから私の扶養控除の対象にはならないみたい」

と説明する。

夏子がすかさず言う。

「気を悪くしないでね。先輩の女性が今度結婚するんだけど、相手はネットの結婚サイトで知り合ったシステムエンジニアなの。公開した先輩のプロフィルに興味を持ったたくさんの人の中から気になる何人かとメールをやりとりして、彼に決めたんですって」

夏子の話に百子も耳を傾けた。

「怖くないの？　出会い系みたいな印象がぬぐえないけど……」

「もちろん信用のおけるサイトで、よ。出会いのチャンスは広がるでしょう」

と夏子。

「よし、夏までにリッチな彼氏を作って見返してやるか。フリーター彼氏のヘッジにもなるしね」

# 独身男子も出会いを求めて朝婚活

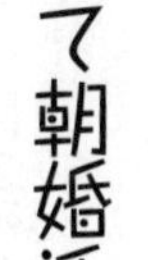

午前8時46分。福沢秋吉がいつも通りの時間に出社すると、いつも通りでない光景が。後輩の金田守が定時より10分も早く席についている。しかも、日課の携帯電話を使った株価・為替チェックもせず、神妙な顔つきだ。

「珍しいな。こんな早く」

秋吉が声をかけると、思い詰めた表情で、

「せ、先輩。ご相談したいことがあるのですが！」

コイツから心のこもった敬語を聞くのは初めてだ。

夕刻。金田が行きつけの1品２９４円の居酒屋「チキン貴族」に足を運ぶ。

「ここ、少し前までファミレスだったよな。昼飯食いに何度か来たことあるし、テーブルにも見覚えがある」

と、秋吉がつぶやくと、金田がすかさず、

「居抜き出店です。内装だけでなく、調理器具や食器まで引き継ぐんです。今どき珍しくないっす、こういうの」

どうせオレは今どきの事情に疎いよ、と秋吉が次なる嫌みに身構えていると、金田が「実は……」と小声で言う。あれ、今日はホントに何か様子が違う。

聞けば1カ月ほど前から、金田は「早朝婚活パーティー」に何度か参加しているという。秋吉も婚活という言葉は知っているが、「朝婚活」とは。朝6時半に集合、8時前までサンドイッチをつまみながらの自己紹介が基本形だという。ジョギングしてから朝食をとる「ランニング婚活」、ゴミ拾いのボランティア後、すがすがしい気分で出会いを模索する「エコん活」まであるそうだ。

「えっ金田、それ全部行ったのか?」

思わず声のトーンが上がる。周りの視線を浴び、金田の顔が赤みを帯びる。

「だって、1回1000円だし」

随分、安い。主催者は結婚仲介サービス業者。本業の販促として、いわばお試し価格で朝婚活を体験させるという。20代女性の未婚率が6割に達し、3割以上に婚活経験がある時代だ。業者も登録者獲得に必死なわけだ。

生中ジョッキを飲み干し、秋吉が一人納得していると、金田の顔はますます赤くなった。

「まさか、意中の人が」

秋吉の突っ込みに、目が据わった金田が猛然とまくし立て始めた。

「ボクには経済的に十分な資格があると思うんです！」

国税庁の調査では25歳から29歳までの平均給与は年381万円。製薬大手のウチはボーナスこそカットされたが、若手の金田なら影響はほとんどなかったはずだ。年齢は8つ下。おれが650万円だから……、と秋吉が計算していると、先回りするように金田が、

「年収470万円は、それなりの競争力があるはずです」

と勢いづく。女性が男性に求める理想年収は600万円以上、一方で妥協できる最低金額は400万円という調査もあるという。自分の年齢を考えれば、年収470万円は決して見劣りしないと金田の分析は続く。

「それに、貯金だって運用資産だってあります！」

と聞いてもいないことまで話す金田。打ち明けた資産総額はなんと1000万円。小学生時代のお年玉や高校時代の短期バイト、大学の家庭教師の手当てまでコツコツためてきたという。それに比べ我が家の家計は……、秋吉は一向に酔えない。金融広報中央委員会の調査では、単身20代の貯蓄額は100万円未満が最多で5割近くを占めるという。一方で1000万円超は3％もいない。

「堂々たる勝ち組だな金田。たいしたもんだよ」

「なのに、なのに～」

と突然の奇声。

「おっ、おい。どうした」

周囲の目を気にしながら秋吉が尋ねると、金田は涙目でポツリポツリと語り始める。２週間前の朝婚活で金田は奥ゆかしさの漂うスラリとした30歳前後の女性に一目ぼれした。さっそく、自らの資金運用術を披瀝《ひれき》。彼女も、

「逆日歩って？」「普通の株式とETFってどう違うんですか？」

などと質問を交えながら楽しそうに会話したという。

翌日、早速、主催者に連絡し、彼女とのコンタクトを試みた金田。しかし昨日、主催者から、

「申し訳ありません。先方の方とお話ししたところ、光栄ですがご希望にはそいかねるとのご返事が……」

という電話が。

「そ、そんな。パーティーではあんなに盛り上がったのに」

と食い下がる金田に、業者の女性社員は、

「『私はやはり、お金を上手にためられる方より、お金を上手に使える方とお付き合いしたい』とおっしゃいまして」

と無情な返事が。

「先輩、ウイッ。それって矛盾じゃないっすか!!　どうして金をためられない男が、金をうまく使えるんっすか」

いまや泥酔寸前の金田。

「わかった、金田。男に未練は禁物だ。次、もう一軒行くぞー」

ふと同情を感じた秋吉は、今日は徹底的に話を聞いてやると腹をくくった。

「せ、先輩。これを……」

うつろな目をしながら金田がポケットを探って一枚の紙を取り出した。

「えっ、５００円サービス券!?　懲りぬ男よの〜、金田」

# 先走る妄想男子

朝６時半に集合して出会いを探す「朝婚活」。１回１０００円からというお試し価格につられて顔を出し始めた金田守だったが、試行錯誤を重ねつつ、のめり込んでいく。１円単位でつけていた家計簿が、いつしか「婚活手帳」になっていた。

【2月21日】

ランニング婚活で伴走した吉田《よしだ》リコさんからコンタクトが。結婚相談サービスで知り合える確率は２割ほどといわれるが、ボクは違う。つらい思い出もあったが、それも人生の糧。毎朝、福沢秋吉が訝《いぶか》しげにのぞき込むが、気にする必要はない。

【3月21日】

吉田さんとお会いするのは明日が３回目だ。総務省の調査では共働き家計の黒字は月15万４０００円。一人しか働いていない家計に比べ５万円以上も貯蓄ペースが早いことなどを吉田さんに丁寧に説明しているのが信頼を勝ち得ている秘訣かな。ちなみに一人世帯の支出は月17万円余りなのに対し、二人世帯は25万8000円。愛は節約にもなる。

【4月18日】

お台場に映画を観に行く約束だったのに、吉田さん、今日は妙におめかししてきた。「ホテルのウエディングプラン調べましょ」なんて、彼女も結構気が早いな。ホテルの模擬挙式にデザート試食、そして相談会。タダなのは良かったけど、披露宴に60人呼んで費用が200万円とはいかがなものか。ドレスや式を含めると300万円を超えてしまう。僕が25年かけてためたおカネの3分の1が消えるのか……。

リクルートの結婚情報誌「ゼクシィ」によると、新婚旅行まで含めると結婚費用は平均421万円だそうだ。もちろん、僕だってちゃんと考えている。都民共済に加入しておけば、ウェディングドレスが1万8900円、メンズも1万5750円から借りられる。結婚指輪だって2万円前後だ。「吉田さんは共済に入ってる？」って聞いた時、なぜ不思議そうな顔をしたのかな。

【4月24日】

試練だ。結婚するかも決まっていないのに、式場についてケンカするなんて。

国民生活センターには2008年に式場、披露宴についての相談が1222件も集まったというから、日程や費用については慎重な方が良いと言っただけなのに。1万円で仮押さえした会場をキャンセルしようとしたら違約金40万円を請求された事例すらあるのに。

【5月3日】

いかん。また、やってしまった。民主党のマニフェストに基づくライフスタイルを提案しただけなのに。配偶者控除は廃止方向だから、できれば共働き。子ども手当は2010年は毎月1万3000円、2011年からは満額支給は断念。だが公立の場合、高校まで学費は実質無料、大学の奨学金も手厚くなるようだから、学資保険は無用だというアドバイスのどこが気に障ったのか。

「学資保険は子どもへの最初のプレゼントでしょ?」って感情論だよ。十数年にわたって振り込んだ金額に対し、どの程度の金額が戻ってくるかを示す返戻率は100%を下回る商品が多い。万一の保障は定期保険で掛け捨て、残りは運用に回す方が得なのに。

先日の泥酔事件の後、しばらく元気だった金田の様子がまたおかしい。最近は日に日に弱っている感じだ。ゴールデンウィークが明けて出社した福沢秋吉の目に、金田は一段とやつれて見えた。「嫁取り物語」がまたも難航か。夕刻、例の1品294円の居酒屋「チキン貴族」に。おっ、おい、金田、こんな所で泣くな。パワハラ現場みたいじゃないか。

「生中、二つ！」

声を張り上げる金田。えっ、いつもの発泡酒じゃないの？　そうか、こんな時は少し割高でも、苦みが利いたビールか。

「気を落とすな。3年前に独身だった25～39歳の男性のうち、年収400万～500万円の層は、今では2割以上が結婚しているとの統計もあるし」

急いで探したデータが慰めになるとも思えないが……。金田が携帯電話を差し出す。んっ、メール送信元は吉田リコ。新たなマドンナ？

「これからは私のファイナンシャルプランナーになって下さいね♡」

あれ、これ脈ありか？　でも、体よく断られているような気も……。金田、読めぬ女心に日々眠れぬ夜が続いているのか。

# 「二人で節約」は一夜の夢に

今日は6月24日。正確には6月25日未明、サッカーのワールドカップで日本が決勝トーナメント進出をかけてデンマークと対戦する。金田はこの決戦の日に、あえて自らの人生の決戦を重ねた。

「よし、絶対、予選突破だ」

金田は鏡に映る自分に言い聞かせ、ヒゲを剃る。

金田守は吉田リコと会社帰りに落ち合い、食事の後、デンマーク戦をスポーツカフェで観戦しようと誘っていた。「朝婚活」で出会ったのが2月。5月に「私のファイナンシャルプランナーになってくださいね」と意味不明な告白？　を受けた後は、メールで劣後債の意味を教えてあげたり、弁当の節約レシピを指南してあげたり。

「今日こそは……」

金田はスーツのポケットに忍ばせた指輪ケースにそっと手をやり、つぶやく。

「投資と違ってリスクは読めないけれど、決断が必要なのは同じっす」

指輪を買うため、入社した2006年の秋に始めた金積み立てを取り崩した。金の小売価格は6月は1グラム3800円前後。07年はおおむね2400〜2600円台で推移したから、長期・分散投資の効果は確かにあった。この3年間の購入平均価格は平均2800円くらいで現在の相場より2割以上安い。月額1万円、総額40万円の投資だったが、後悔はない。

「お待たせ」

息をはずませてきたリコを、金田は人気のイタリアンレストランへと誘った。〝勝負メシ〟だ。満席だったが、ほどなく二人は席に案内される。

「ここ、すごい人気店でしょう？　それにこんなに高いお店、大丈夫？」

リコが小声でささやく。金田は、

「備えよ常に、ですよ」

と、慣れないエスコートにしどろもどろに答える。実は3カ月も前から予約していたのだ。まずはビールで乾杯すると、リコが言った。

「サムライジャパンだけじゃなく、日本も大変よね。守君は大丈夫？」

リコは何気なく聞いたのだろうが、金田は「ここぞ」と居住まいを正す。

「確かに楽観はできないす。ダケタ製薬もライバル社と同様、主力薬の特許切れが控えてるっす。いわゆる2010年問題す。ウチも米国で大きなM&A（合併・買収）をやったりしてますが、2~3年は辛抱。企業の昨冬のボーナスは軒並み2ケタ減で、ウチも例外ではないっす」

リコは少し不思議そうな表情。軽く話題を振っただけなのに、とうとうとまくしたてる金田の真意が、まだわからない。

金田は構わず続けた。

「でも、一人より二人、二人より三人の方が心強いっす。ダケタには社宅があるので、普通は収入の2、3割かかる住居費はかなり節約できます。社宅があるのは大企業でも約半数なので、ラッキーっす」

さすがにリコもだんだんと意味がわかってきた。

「前も言いましたが、一人世帯の支出は月平均17万円ほど。二人なら25万8000円。働き手が年収470万円のボクだけでも、年100万円ほどは貯蓄できます。もちろん、なくなるかもしれない配偶者控除は計算に入れてません」

金田は無粋とは思ったが、何度考えても、こうしたプロポーズ文句しか思い浮かばなかった。今や声はかすれ、手も小刻みに震えている。が、後戻りはできない。

「子ども手当も支給され始め、公立だったら小、中学校だけでなく、高校の学費も実質無料に……」

　真剣に聞き入っていたリコがほほ笑み、口を開く。

「うれしいわ、守君。こんなに真剣に考えてくれて」

　リコは先程あけたワインのラベルを見ながら言う。

「いいタイミングよね。08年の初婚年齢は東京都だと夫31・5歳、妻は29・6歳。厚生労働省って、こんなことも調べているのね。こんなデータを知ったのも、守君のおかげ。私も、まさに平均年齢」

　金田の表情がぎこちなく緩む。しばしの沈黙。ウエーターがエスプレッソを運んできた。

　ところが……。気が付くと、金田は一人スポーツカフェでサムライブルーのユニフォームをまとい、半ばやけになって大声を上げていた。酔っぱらったわけではない。サッカーの試合の大画面に集中しようとするが、あの後のリコの言葉が何度も浮かんでくる。

「私、会社の辞令でニューヨークに行くの。急な話だからビックリしたけど。夢だったから、どうしてもかなえたいの。それでね、守君」

　リコは三つの提案をした。4、5年の転勤期間を待つか。金田も移住してニューヨークで新しい仕事を探すか。それとも別れるか。

日本の失業率は5％台で過去最高の水準だが、アメリカは10％だ。満足に英語もできないのに、向こうで今より高収入の仕事が見つかる可能性は限りなく低い。ならばリコの帰国を待つか。だが、遠距離恋愛を5年も続けられるのか、自信を持てないし、何よりリコにとって重荷ではないか。

「これも人生、か……」

沈みがちな気持ちを奮い立たせ、応援に声を張り上げる。

「やりました、ニッポン、決勝トーナメント進出ーっ！」

試合終了のホイッスルとともにカフェが揺れた。

「うおーっ、やったあああぁ！」

金田もガッツポーズで飛び上がり、見知らぬ周囲のだれかれと抱き合った。あふれた涙は、勝利の感動か、リコに何も言えない自分の情けなさのせいか。

「オレの代わりに予選突破、ニッポンありがとうー！」

金田はなかばやけになって叫ぶ。ポケットの指輪ケースをしっかりと握りしめながら。中にはプラチナ台のダイヤの指輪が光っていた。

# 結婚費用負担は、親からの援助贈与に？

「もっといいがなあ……」

6月20日、朝刊を取りに玄関に出た大吉は曇り空を見上げてつぶやく。今日は夏子の結婚式だ。

振り返れば数カ月前の日曜日。

「ネットに載せる商品の撮影をしてもらってね、スタジオが近かったからウチに寄ってもらったの」

帰宅した夏子の後ろから家に上がり込んできたのは、彼氏の伊《い》藤《とう》博《ひろし》。え？まさか……。

「まあちょうどよかったわ。仙台のお義母さんが枝豆と前沢牛を送ってくれたのよ」

春子が驚きもせずいそいそと博を居間に案内する。

知らぬふりをしているが、これは絶対、女二人の連携プレーだ。

「オレは許さないぞ」とカッとして意固地になった大吉。だが、結婚の承諾を求める博の真摯《しんし》な言葉に、思いのほか気持ちが揺らいだ。もちろん手放しで彼を気に入ったわけじゃない。娘を嫁がせる相手としては、どことなく頼りない。だが、「苦労しても、起業して一緒に頑張りたい」「夏子さんのいない人生は考えられない」とまで言われ、二人に土下座されては、なすすべがないではないか。

「ねえ夏子ちゃん、結婚式って最近はまた派手になってきてるんでしょう」

隣の夏目百子が、我がことのようにうきうきと、食事の支度をする夏子を手伝っている。このごろ百子は仕事帰りによく夏子と落ち合っては結婚に向けた準備を楽しんでいる。挙式や披露宴など結婚費用はここ5年ほど年々上がっていて、平均で400万円を超えたという。

「ホテルのレストランで、近しい人だけのささやかな披露宴にしようとしたのに。結構掛かるのね」

と夏子。

花の装飾や少し良いワインを、などと積み上げていくと、あっという間に費用はかさむ。500万円くらいかかる披露宴も、これなら不思議ではない。

「もったいないなあ。事業にもおカネかかるのに」

現実的な夏子は浮かない顔だ。

「ほら、時間も迫っているんだから、さっさと進めないと」

百子が招待者リストなどをチェックする。並行して新居の賃貸マンションを探したり、家具を決めたりせねばならず、時間もおカネもいくらあっても足りないくらいだ。そんなとき、夏子に大吉が「ほら、これ」と封筒を差し出した。中身は200万円の現金。

「お父さん、なにこれ」

びっくりした夏子が返そうとすると、大吉は、

「花嫁衣装着て、ちゃんと披露するのは親のためでもあるからな」

と封筒を押し返した。

「お母さん、お父さんがね……」

言いかける夏子に、春子が言った。

「結婚費用の足しにって。あなたたちが起業に向けておカネをためていたのを知っているから、結婚費用くらいは援助したいって」

「ちなみに結婚費用なら贈与税もかからないの。事業用になどと考えず、ありがたく頂いてすてきな式にしましょうよ」

百子はこんな局面でも相変わらず現実的だ。

そして今日。いよいよ夏子の挙式の日だ。曇っていた空がウソのような秋晴れ

に変わった。ウエディングドレスの夏子が、モーニング姿の大吉の腕にそっと手をかけ、聖堂の前のドアに立つ。

「ちょっと太ってモーニングがきつくてな」

教わったばかりの歩き方を反芻しながら、大吉は照れ隠しに言う。

「お父さん、ありがとう」

夏子がささやいたとき、ドアが開いた。

その晩、大吉は春子と共にワインを開けた。夏子が生まれたときに記念にと奮発して買った2本のワイン。1本は夏子に贈った。

「お疲れさま」

まだ夏子から起業の支援を頼まれるかもしれない。秋吉も孫の教育費をと泣き付いてくるかもしれない。大学を出るまで、就職したら、結婚したら……。子どもにはいつまでもカネがかかる。けれど、基本的にはこれで親の務めは果たした。

「これからは自分たちのためにぜいたくしたいね」

大吉がグラスを掲げる。

「ちゃんと運用に成功してからね。私がファンドマネジャーになったら世界一周なんてすぐにかなえられちゃうかも」

春子がカチンとグラスを合わせた。

# 不妊治療、負担は大変

カッシャーン……。

頭の中でレジの音が響いた。福沢冬美はノロノロと財布を取り出し、あらかじめ準備したお金をカウンターに乗せた。

「イチ、ニ、サン……はい、28万３５００円、確かにちょうだいしましたー」

いやに明るい受付の若い子の声が神経に障る。

28万３５００円……！　この大金の重みをこの小娘はわかっているのかしら？

景気変動の波を受けにくい製薬業界とはいえ、この夏の夫、秋吉のボーナスは約60万円と昨年比２割の大幅減。その半分が今、あっさりと費消されたのだ。それも確実に〝対価〟が得られるかさえわからないものに、だ。

「ふぅ」

思わず大きく響いた自分のため息に、冬美は周囲を見渡した。

ここは、不妊治療専門病院の待合室だ。満員の女性たちが粛然と診察の順番を

待つ一方、会計では続々と、

「ハイ、20万円」「次、30万円」

といった具合に、万札が飛び交っている。

「知らなかったわね。こんな大金飛び交う世界があるなんて」

冬美は思う。常々、第二子を望んでいた秋吉・冬美夫妻だが、気が付けば長男諭は既に小学生に。でも夫の転勤を機に仕事も辞め、共働きを断念し、すぐにも授かるだろうと思いきや、これがなかなかできないではないか。「第二子不妊」の文字が脳裏にちらつき、この病院の門をくぐったのだ。

で、今日は2回目の体外受精の支払日。普通の病院で医療行為を受けると、どこで受けようと〝定価〟が決まっているし、健康保険が適用されるので自己負担は通常3割以内だが、この手の「高度生殖医療」となると〝寿司屋の時価〟と一緒。いくら請求するかは病院次第だし、おまけに原則、保険も効かないから全額自己負担だ。

大体の相場は、最も安い人工授精の場合で1回1万～数万円程度。卵子を母体から取り出して受精させる体外受精になると、通常の方法で30万円程度。さらに体外受精の中でも高度な技術を使う顕微授精になれば50万円前後に達する。しかも1回にそれだけの大金を投入しても、確実な結果を約束するものではない。妊娠率は20～25％程度だから、4回、5回とチャレンジする人は少なくない。冬美も前回〝撃沈〟し、一瞬にして30万円が無に帰するむなしさをイヤというほど味わった。

それでも、まだ30代前半だし、子どもが一人いるだけ恵まれていると、冬美は自分に言い聞かせる。最近ハマっている不妊系のサイトの住民たちの中には、40歳過ぎで10回以上も体外受精を繰り返している人も少なくない。身体的負担も大きいから、仕事を辞めて専念している人も多く、それこそ１００円、２００円の食費節約を積み上げて体外受精代を捻出《ねんしゅつ》しているのだ。

「もうお金が底をついたのであきらめます。皆さんは頑張って！」

という、悲痛な最後の書き込みも珍しくない。今やこの国では就職には就活、結婚には婚活、そして妊娠するには「妊活」が必要なのだ。

「少子化、少子化って騒ぐなら、まずこの現場を何とかしなさいよっ」

病院の大混雑を見るたびに、怒りがこみ上げる。厚労省の「特定不妊治療費助成事業」という制度があり、自治体が窓口になって助成金が出るが、基本的に「1年度あたり1回10万円、2回までとし、通算5年間」という限度がある。しかも夫婦合算の所得が７３０万円未満という所得制限付きだ。

専業主婦は世を忍ぶ仮の姿で、根っからのキャリア志向の冬美としては、この

「所得制限」も気に入らない。

「これ以上収入が高い人には援助はありませんよ」ということだが、そういうものがあるとどうしても「それ以内」に収入をとどめておこうとする自己規制が蔓《まん》延《えん》する。主婦が所得税を払わずに済むパート収入に納めようとする「103万円の壁」や、社会保険料の負担がない「130万円の壁」問題だ。

「まったく、少子化の時代だからこそ有能な女性を労働戦力として活用する戦略的な思考が必要な我が国であるのに……」

心の中で演説調で憤りながら、ふと時計を見ると、もう1時過ぎ。

「あっ、急がないと『奥様愛の劇場』終わっちゃう!」

大所高所の視点を持ちつつも専業主婦の特権、テレビの昼メロも楽しむ冬美であった。

# 資産の把握・団塊ジュニアのＣＦ《キャッシュフロー》表

福沢秋吉は悩んでいた。東京転勤を機に、住み替え、妻の離職、子どもの教育費まで……財政劣化の波が押し寄せる。これまで人ごとだった相続や介護も視野に入れた、しっかりとした人生設計の必要性を痛感するのであった。そんなある日——。

「いらっしゃい、どうぞ」

扉を開けたのは、夏目百子。実家を通り越し、その隣家を訪ねるのもヘンな気分だ。今日は秋吉の人生立て直しのために「キャッシュフロー（ＣＦ）表」なる便利ツールを、百子に習いに来たのだ。その昔、2歳年上の「きれいなお姉さん」である百子に英語の宿題を見てもらった甘酸っぱい記憶がよみがえる。人生は疾《と》く過ぎゆく。

秋吉の感傷にお構いなく、百子は早速本題に入る。

「秋吉さん、家は欲しい、諭ちゃんは私立に入れるし、はたで聞いてても大丈夫か心配」

「貯金もあるから何とかなると思うんだけど……」

「場当たり的に目先の資金需要だけ見てると将来の〝破綻予備軍〟よ」

厳しい。確か癒やし系キャラだったはずの百子が豹変《ひょうへん》している。外資系金融機関勤めとしては、金融危機以後何があっても不思議はないと気を引き締めているのだと言う。なまじ今まで高給だった分、支出も膨らみがちだから、逆境には弱い。共働きだった秋吉も同じ傾向だ。

思えば親の団塊世代の時代は良かった。日本経済の規模は彼らが小学生から定年までの間に20倍近くに拡大、賃金もそれにつれて増えた。ところが今はどうだ。可処分所得（二人以上世帯）は09年には年５１０万円と10年前に比べ、70万円近く減った。父の大吉が「少ない」と文句を言う年金も、昭和36年4月2日生まれ以降の男性は65歳になるまで一銭ももらえない。かつての60歳支給開始に比べればこの空白の5年間だけで相当な〝逸失利益〟ではないか。しかも65歳からもらい始めても、現役時代の収入に対する目安は今の6割から5割ギリギリに下がる予定だ。

「だから、ＣＦ表よ」

百子がパソコン画面の表のようなものを示す。

「キャッシュフローとは文字通り、現金（キャッシュ）の流れ（フロー）を示すの。人生で入ってくるお金と出ていくお金を、年ごと、イベントごとに予測して見積もるの。入出金の差額は貯蓄残高に反映され、ひと目でいくつの時にどのくらい余裕があるかがわかるの。ネットに色々ソフトがあるし、表計算ソフトで自作してもいいわ」

早速、ＣＦ表と格闘する秋吉。まず表に西暦と家族の年を埋める。諭が成人するまでにはまだ14年もある。その時自分と妻は40代半ば。父と母は70歳前後。当たり前の数字の経過も、書き込むと現実味を帯びるから不思議だ。

「まだ元気だといいけど」

同居でなくても介護のことなどを考え、親も一覧表に加えるといいらしい。

「来年にもう一人……」

不妊治療がうまくいけば、だ。勝手に「ルミ（仮）」と名付けて表に追加。小学校入学が6年後で中学は12年後。子どもの教育はあらかじめ計算できるライフイベントだ。「まずは希望通りに」という百子の助言通り来年にも家を買うことにする。頭金４００万円を「一時的な支出」の欄に入れ、その分貯蓄残高が減る。ローン返済は月約15万円。住宅ローンを払い終わるのは68歳ぐらいか。

「そのころにリフォーム代も計上します」

そんな先のことも……。まさに〝疑似人生ゲーム〟。ただ、こっちはルーレット任せでなく「かくありたい」という希望への工程表でもある。退職後の自己啓発や海外旅行費用なども計上する。「出る」お金と違い「入る」お金にはあまり夢がない。65歳までダケタ製薬勤務として、55歳までは少々楽観的に手取りが年2％増えることにする。年金は社会保険庁のホームページで試算、大体のところの25万円を入れる。

「あとは退職金が平均の2500万円っと」

ボクの人生、以上おわり。

「じゃ、OK？　秋吉さんの人生の帳尻は……っと」

百子がシミュレーションを走らせる。出てきた結果を見て秋吉は目をむいた。なんと、CF表が示す秋吉の未来は、早くも40歳で貯蓄が底をつき、80歳では1億円超の借金を抱えるという、身の毛もよだつ恐怖シナリオではないか。

「そんなバカなっ！」

望んだのは普通の人生。家を買い、諭は私立に通わせ、第2子が欲しい。だから当面、冬美の収入はゼロで試算した。それがそんなにゼイタク？　東証1部上場企業に勤める年収650万円の、このボクの人生の収支尻が大赤字？　怒りの疑問符が渦巻く。

「秋吉さんだけじゃないわ。ごく普通のサラリーマン家庭でも今の経済環境では、教育費とローン返済が重なる時期と老後の2回、貯蓄残高がゼロになる〝破産〟危機を迎える、って説もあるわ」

百子のフォローも耳に入らない。40歳と言えば、不惑。四十にして惑わず、でなく、四十にして破産？

「もちろん、CF表はあくまで机上の計算よ。実際は貯蓄が底をつく前に出費を抑えたり、収入を増やしたり何らかの対策を打つでしょ。だから、この基本の恐怖シナリオを基に、『じゃ、家を買わないとどうなる』『共働きだとこうなる』ってシミュレーションすればいいの」

例えば秋吉の前提を変えて試算すると、家を買わなければ64歳まで、家を買っても2年後に共働きに戻れば75歳まで、貯蓄残高がプラスを維持できることがわかった。さらに毎年貯蓄を3％で運用できれば100歳までお金の〝寿命〟が延びることがわかった。

「いずれにしても」

と百子は秋吉の目の前に指を突き立てる。

「人生の収支尻を改善するための方策は三つしかないの。一つ、収入を増やす。共働きをしたり、定年延長で働く選択肢ね。二つ、支出を抑える。家のランクを落としたり、子どもを公立に通わせたりすることね。そして、三つ目が運用。お金自身に働いてもらうことよ。その三つの組み合わせを試行錯誤する中で、自分の人生の中で譲れるものと譲れないものが明らかになって、お金という限られた資源の配分を考えるようになるでしょ」

家への道すがら、とっぷり暮れた街を歩きながら秋吉は思う。ボクの人生も半ばに差し掛かったなぁ。そして別れ際の百子の言葉を反芻する。

「確かに将来のことは誰にもわからないけど、こんな不確実な時代だからこそ、自分で書ける部分の人生シナリオは書いておくべきじゃないかしら」

「ようし、四十にして惑わず、に向けCF表と共に発進だ!」自分を励ますかのようにつぶやき、家路を急ぐのだった。

# 資産の棚卸し

「……では、お手を拝借。一本締めで。よーぉっ」「パンッ！」

ダケタ製薬の忘年会会場に響いたかしわ手の音に団塊ジュニア、福沢秋吉はしみじみと思う。あぁ、激動の今年も暮れようとしているのだ。本当に色々なことがあった……。と、その時、頭の上から感興をそぐビジネスライクな声。

「一次会、これで終わりっす。会計します。一人8000円です」

このちょっと甲高い声は秋吉の部下兼マネーマスター、金田守。忘年会の幹事を買って出て、会計をしているのだ。

「おまえも幹事、大変だな」、一応ねぎらう。

「いや、なんの、なんの。一人8000円×50人で40万円ですからね。こんな機会、みすみす逃しませんよ」

一体、何の話かと思えば、金田は自分のクレジットカードで全額支払い、皆からは現金で回収するのだと言う。するとカードの利用額に応じて、特典航空券に交換できる航空会社のマイルが「がっつりたまる」のだそうだ。

航空会社との提携カードなら普通200円払うごとに1～2マイルがたまる。店によっては倍のマイルがつくところもある。色々規約はあるが、計算上では40万円なら一気に2000～8000マイル。

「最低1万マイル強から海外行けますからね。効率良くマイルのたまるカードと店を選べば忘年会2、3回の幹事で韓国旅行も夢じゃありません」

と、ニヤリ笑う。おまえ、そんな下心で幹事を……。だが、それで誰かが損したわけでもない。

「大体先輩は今年、どんだけお金を使ったかわかってますか?」。覚えているわけがない。「概算ならすぐ計算できます。入ってきたお金は『使った』か、『手元に残った』かのどちらか。年末に貯蓄残高をチェックすればいいんです。手取り500万円として、年末の貯蓄増が100万円なら残りの400万円は使ったわけですよ」。なるほど、なるほど。

「そんだけの大金を漫然と使わずにポイントに換えて蓄えれば貯蓄も同然です。〝家計サバイバル力〟に大差がつきます」

全部の支出をカードで払えるわけではないが、最近は公共料金や保険料、医療費まで使えるようになった。投資信託の購入や株の売買など、資産運用でもポイントがつくらしい。さらに、ためたポイントは色々なものに換えられ、現金にさえなるという。仮に年400万円の支出の半分、200万円分をカード払いし、ANAマイルを2万マイルためると、イーバンク銀行でなら1万円に現金化できる。電子マネーのSuica（スイカ）なら2万円分だ。

「知らぬが仏、って言いますけど、マネーの世界では知らぬが損、です。ま、先輩は今年それだけ損をしたんすよ」

今年何度目かの不吉な捨てぜりふを残し、夜の街に消えて行く金田。そして、残された秋吉はその後二次会で、痛飲した……。

翌朝。

「もうっ。秋ちゃんいいかげん起きて！　今日は大掃除でしょ」

とても甲高いこの声は妻、冬美だ。窓ふきに風呂掃除にガス台磨き……痛む頭を抱えながら年末恒例の掃除ノルマをこなす間も、秋吉は昨日の金田との会話を反芻する。

「まずは年間の支出と現状の財政状態の把握だな」

そして、窓ふきの途中、ガラスに大きく「T」の文字を書く。真ん中の線の左側の上には「資産」と書き、右側は下3分の1ほどの位置に横線を引いて、上には「負債」、下に「資本」と書いた。企業の「バランスシート（B／S）」の家計版を作ろうと思ったのだ。これさえあれば、その時点での財務状態がひと目でわかる。資産が多くても、将来返す必要のある借入金も多ければ、「資本」の部がマイナスになり「債務超過」ということだ。

夜になり発泡酒でノドを潤してから表を完成させる。

「住宅ローンは無くなったし……」

家計の負債の代表は住宅ローン。ほかに自動車ローンや奨学金、親からの借金、クレジットカードの未払い残高なども右側の負債に記入する。左の資産の部は現金化しやすいものから思い出して時価で記入するのがコツ。「預貯金」「財形貯蓄」「投資信託」などの金融商品から、自動車や持ち家の人は「不動産」まで入れる。

資産の棚卸しをしてみると、秋吉家のB／Sは小さいながらも健全なことがわかった。借金は自動車ローンの200万円とボーナスで買った洗濯機のカード残高20万円だけ。一方の資産は預貯金が600万円、自社株150万円、外貨MMFが50万円などだ。

「なるほど1年に1度これを書けば来年の貯蓄目標も立てやすいな。うん、大掃除でおウチ、スッキリ。バランスシートで頭もスッキリ」

今日はぐっすり眠れそうな秋吉だった。

# リストラされたら

歳末の街は独特だ。誰もが何かにせかされ、浮足だって通りを行き交う。そんな街から切り離され、そこだけ時間が止まった一隅がある。福沢諭は「その人たち」から目が離せなかった。

「どして、おじさんはお外でねてるの？」

純粋な6歳児の素朴な質問に、父の団塊ジュニア、福沢秋吉はたじろぎ、思う。

「息子よ、おじさんたちには深ーい事情があるのだよ」

だが、仕事を失い、家を失い……年末の路上に流れついた、それぞれの事情をたやすく説明できるものではない。特に「その事情」が人ごとではなく感じられる、この冬……。あす自分が仕事を失うことが１００％ないとは言い切れないご時世だ。そこから一つずつ運命の歯車が狂ったらどうなるのか？

「万一の不測の事態に備えねば。備えあれば憂いなし、だ」

まずはイメージトレーニングから。街を歩きながら秋吉は自分に問う。

「おまえは今日リストラ解雇されたんだ。さあ、どうする？　まずどうすればいい？」

えー、まず押さえておくべきは、いざというときのセーフティーネットとなる貯蓄だろう。これは、先週資産の棚卸しをして把握しておいてよかった。金融資産はおよそ８００万円、悪くない貯蓄額だろう。

だが専門家によると、こういうご時世では、最低でも1年分の生活資金を貯蓄しておくべきらしい。非正規雇用の人なら2年分は欲しいという。二人以上の日本の家庭の平均支出額が月約30万円だから1年で約３６０万円、２年で約７２０万円という大金だ。

「『宵越しの銭は持たねぇ』なんて昔の江戸っ子は気楽なもんだ」

にぎわうかつての江戸の中心部で秋吉はつぶやく。パーッと消費した方が経済全体のためになるとわかってはいても、自分の身を守るのが先決だ。09年3月に日本中にばらまかれた、一人1万２０００円（65歳以上および18歳以下は２万円）の「定額給付金」も多くは貯蓄に回り、ＧＤＰの押し上げ効果はゼロに近かったというではないか。

「それにしても家のローンがなくてよかった」

転勤したころは東京で家を買おうと真剣に考えた。そういえばその時、部下のお金博士、金田守が言ってたっけ。

「万一払えないときはどうなるか、買う前に知っておくべきです」

ローン返済の延滞後、銀行は3～6カ月後にはさっさと保証会社に保証の実行を求めるらしい。そうなると次に来るのは保証会社による差し押さえと競売開始の決定だ。競売、となると売却価格はグッと抑えられ、重いローン残債の負担が残る。

「そうなる前に手を打つべし」、金田コーチは言っていた。返済が苦しくなってまずすべきは銀行との話し合い。延滞する前にちゃんと事情を説明し「少なくともこれだけは払う」などと誠意を見せれば、銀行は意外と融通を利かせてリスケジューリング（債務返済繰り延べ）してくれるらしい。一人で何とかしようとカードローンや消費者金融の門をくぐるのが「最もしてはいけないこと」だ。

「競売の前に『任意売却』の手もあります。市場価格より安いですが普通、競売価格より高く売れます。その分野に詳しい不動産仲介業者に相談しましょう」

あとは失業保険か……。これは以前、金田に「給与明細をちゃんと理解するのは基本のキ」とか言われた時に確認した。毎月の明細の「引き去り額」の中にある「雇用保険料」が原資だ。今は賃金の1・2％を労使で折半して負担する。失業時には就業期間などに応じて原則90～360日間、「求職者給付」がもらえる仕組みだ。金額は前の賃金の5~8割程度。ここでしっかり押さえるべきなのが、離職理由。「会社都合」の離職は「自己都合」よりも給付開始が早く、給付日数も長い。うっかり自己都合などにされると受給開始まで3カ月以上も間が空くことになる。

金田が言うところの「マネーリタラシー」とやらが、我ながらだいぶついてきたようだ。かの松下幸之助も言った通り「好況よし。不況さらによし」だ。不況のときこそ、会社も個人も強くなれるんだ。

「みんなも頑張ろう!」

秋吉は心の中で路上のおじさんたちにエールを送りながら家路についた。

# 一年の計は元旦にあり

そして、新しい年が明けた。

「明けましておめでとうございまーす」

総勢7人の福沢一族が大吉家の居間に集結した。久しぶりに勢ぞろいの正月だ。「景気悪化も悪いことばかりじゃないな」。鷹揚《おうよう》に一同の顔を見渡しながら、大吉は思う。

だて巻き、田作り、黒豆……。卓上には春子が昨晩遅くまでかかって作った、手づくりのお節料理が並ぶ。最近は百貨店などで数万円するお節セットを買うことが多かった春子が、今年は「そんな、もったいないこと！」と久々に腕を振るったのだ。金融危機以来、休暇でも遠出せずに自宅近辺で過ごすという意味で、バケーションならぬ「ステイケーション（Staycation）」なる言葉も市民権を得た。福沢家の「これぞ、日本のお正月」的風景も世間の「巣ごもり消費」の一端を示すかのようだ。

「はい。じゃ、諭くん。今年もいい子で頑張ってください」

大吉からのお年玉の授与式が行われる。「お年玉」には「年の賜物《たまもの》」の意味もあり、年長者から家族や使用人など目下の者に福を分け与える意味があるらしい。ぷっくりした手をそろえて、作法通りポチ袋を押しいただく諭。まったくこの子は誰に似たのか、出来がいい。

「じいじ、ありがとー」

この、お年玉の〝相場〟が難しい。小学校の高学年を対象にしたある調査では一人当たりの平均お年玉総額は約2万5000円。月々の小遣いの平均が約700円だから35倍以上の巨額だ。家計に置き換えて考えれば、月々30万円でやり繰りをしているところに一度にポンと1000万円をもらうようなもの。金銭感覚が狂いかねない。お金のありがたみは感じられるが、さりとて多すぎない額をと事前に秋吉夫婦と相談を重ね、ポチ袋には1000円札1枚と500円硬貨1枚を入れておいた。まだ、現金よりおもちゃをもらう方がうれしい諭だが、

「これで『だいかいじゅうバトルずかん』買える?」

と、それなりにお金の交換価値について思いを巡らす。

「なるほど、『一日の計は朝にあり、一年の計は元旦にあり、十年の計は樹を植えるにあり、百年の計は子を教えるにあり』ですね」

夏子の連れ合いの伊藤博が口を挟む。いかにも今どきの若者然とした茶髪のくせに、時々年寄りじみた格言などを言う癖がある。実家が寺なのだ。

「ここはひとつ、皆さんの一年の計を発表しようじゃありませんか」

変わったヤツだ。そういう自分が早速披露するには、今年こそ副業的にやっているネット通販を事業として軌道に乗せ独立するのが目標だという。

「私は今日から〝1円貯金〟始めたよ」、夏子が続ける。要するに1月1日が1円、2日が2円、3日が3円……と徐々に1円ずつ貯金額を増やすものらしい。最大でも1日の額は年末に365円。負担感はほとんどないが、これでも計算すると1年に約6万7000円もたまるのだという。

「よーし、ボクは投資元年だ」

秋吉も妹夫婦に負けじと、宣言をする。すでに年末にインターネットから証券口座の開設を申し込み済みだ。前は書類のやり取りで2週間程度かかっていたが、最近は「即日OK」の会社も増えてきたらしい。やはり秋吉と同様、株は下がった時に仕込みたいと考える人は多いらしく、金融危機直後の2008年10月にはネット証券を通じた新規の口座開設がその前の月の2倍の6万口座もあったらしい。すぐに実際に株を買わなくても、出し入れ自由なMRFと呼ばれる証券版の普通預金口座に資金を置いておくだけでも預金金利より分がいいことも知った。

おおむね一般的な普通預金金利の4倍程度もある。

「オレもネットを使ってみようかな」

と、これは、大吉。今どきの若者は「ト」にアクセントを置いて発音するが、大吉の場合は「ネ」にアクセントが来る。この前まで「ネット預金ってのは、支店もないんじゃ、おカネが引き出せないじゃないか⁉」などと言っていたが、「出口」の見えない日本の低金利政策に押され、少しでも利率のいい預金口座を探すうちに調べてみる気になったらしい。メガバンクの1年物定期預金は0・06%程度だが、ネットでは0・4%程度のところもある。

「まー、心強いわねー」

春子と冬美が顔を見合わせて笑う。

「じゃ、私たち生活防衛隊もまた海外に出動して円高還元ショッピング、してくる?」

「お、おいおい!」「うそよ」「ハッハッハ」

福沢家の居間に明るい笑いがあふれた。

# コツコツ一歩から資産形成

　ダケタ製薬の自称、若手有望株、金田守は先ほどから隣の席で弁当を食べる福沢秋吉を〝じっ〟と見守っていた。

「で、栗《くり》きんとんは好きなんすか？　嫌いなんすか？」

　ああ、こいつのトウトツぶりは新年になっても変わらない……。

「何だよ。どっちだっていいだろ」

　上司ながらマネー関係では目下の、団塊ジュニアの秋吉はぶっきらぼうに答える。どうせ、お節の残りもの弁当だよ。そろそろ賞味期限切れだよ。体で小学生のように弁当箱を隠す。

「好きだけど、何か悪いか」

　すると、ニヤリ笑う金田。

「やっぱり。センパイは好きな物から先に食べるたちだと思いましたよ。真っ先に食べてたでしょ、栗きんとん。そういう人はお金が入ったら、まず使ってしまう傾向があります。今年は〝先取り積み立て〟で貯蓄癖をつけましょう。はい、今年のレッスン・ワン」

この口調が、むかつく。弁当ぐらい自由に食わせてくれ。

「財形ならちゃんとやってるさ」

「財形」とは「財形貯蓄」のこと。正式名称は「勤労者財産形成貯蓄」なる大仰なものだが、要するに毎月の給料から決まった額を、自動的に天引きで積み立てる制度だ。住宅購入資金に充てる「住宅財形」、積立金を60歳以降に年金で受け取る「財形年金」、使途の自由な「一般財形」の3種類がある。中でも「住宅」と「年金」は、普通の預金なら利息に20％かかる税金が免除され、両者の元利合計550万円まで非課税というメリットもある。

「そうですね。給料を手にする前に自動的に引かれ、引き出そうにもいちいち申請書を書いて上司などの判が必要ですからね。先輩みたいに『おいしいものから先に食べちゃう』型人間にお薦めです。でも、制度がない会社もあるし、運用として見るとほかにもっと適した積み立て型商品がありますよ」

財形は一般には元本保証のある預金が基本なので利率は低い。例えば月1万円を10年間積み立てても、120万円の元本に対して今の金利水準なら元利合計で123万円強にしかならない。これが仮に3％運用できれば142万円弱、5％

なら158万円強と、増え方が加速度的に膨らむ。

「長期にわたる積み立てこそ複利効果が最大限追求できる商品を選ぶべきです」

「でも、高い利回りを狙えば損する場合も大きいだろ」

〝投資元年〟と位置づけたものの、元本保証選好はなかなか抜けない、秋吉。

「株や外貨への投資が必要です。でも、そういう価格変動のある商品こそ、長期の定額積み立て向きです。単価が高い時も安い時も一定額を買うので、相場下落時には買う量が増えて平均購入単価が下がるんでしたね。はい、こういうのをナニ法というんでしたっけ？　去年勉強しましたよ」

えー、何やらナルシストに関係があったような……。

「ドルコスト平均法です」

金田のお薦めのドルコスト平均法を利用した積立商品は、外貨ＭＭＦと株式投資信託だという。どちらもあらかじめ決めた口座から自動的に引き落とされ、月1万円程度から利用できる。外貨ＭＭＦは外貨預金より為替手数料が安いし、投資信託なら市場と同じような動きをするＥＴＦや「インデックス型」から、狙いを絞ってリターンを狙う「アクティブ型」まで種類が多い。

「個別株を買いたいけど大きな額はつぎ込みたくない、という人には『るいとう』という手もあります」

例えば、任天堂株を買うには1単元で300万円以上が必要になる。「るいとう」すなわち株式累積投資なら毎月1万円から少しずつ投資することで「いつかは株主」になるらしい。

「ふうーん。千里の道も一歩から、だな」

1単元になれば株主優待や総会に出席する権利もある。いずれにしても株や外貨のように大きく水準を下げ、かつ目先はまだ下落懸念があるものほど相場が下がった時に、積み立てで投資を始める意義があるらしい。

「あ、金やプラチナなんかの商品も積み立て投資向きです。月1000円単位で始められ、換金する以外に指輪など宝飾品と引き換えることもできるので彼女へのプレゼント積み立てにも最適です」

ふーん。なるほどね。

「で、おまえ、彼女どうした?」

「な、なんすかっ。ほっといて下さいよっ」

急にオタオタして席を立った金田の後ろ姿に秋吉は人生の先輩として、温かいまなざしを向ける。

「金田君、結婚指輪のプラチナをためる前に、まずは彼女をつくりたまえ。千里の道も一歩からだ」

# マイカー、本当に要るのかな

「ママ、どうしたの？」

チャイルドシートに座った諭が心配そうに冬美を見る。

「エンジンがかからないの、どうしよう」

ガソリン代が高騰した時以来、車に乗っていなかったから、バッテリーが上がってしまったのだ。

なんとか友達の車に来てもらってエンジンをかけたものの、冬美の頭には新たな考えが渦巻いていた。結局、車なしでも不自由なく暮らしていた。諭が赤ちゃんだったころは、急病や旅行で随分使った車だが、もはやバッテリーが上がるほど乗っていなくても生活できているのだ。もう、いらないってこと……？

「じいじー！」諭が車を飛び降り、大吉に飛びついた。大変だったてんまつを話す冬美に、

「自動車会社にいる私が言うのもなんだが、車が必要かどうか、一から考え直し

てみるのもいいかもしれないな」

と大吉が言う。

「うちも近々、環境対応車か軽自動車に代えるつもりだし」

えっ、自慢の世界自動車の高級車「セルシオン」から軽？　驚く冬美を尻目に、大吉が解説する。原則、自動車取得税が、軽自動車は取得価格の3％だが、普通車は5％かかる。軽自動車税は年間7200円だが、自動車税は排気量に応じて変わり、最も安い1リットル以下の小型車でも年間2万9500円。小型車に多い1・3リットルなら、3万4500円だ。そういえば軽は税金が安いと冬美も聞いたことがあった。2年、3年と保有すると結構な差になる。

自動車重量税でも差が出る。新車で購入の場合、軽は3年で1万1400円、1・5トン以下の小型車では4万5000円だ。自賠責保険は36カ月契約で軽は2万5730円、普通車は3万9910円（沖縄・離島は別）。例えば車両価格が同じ100万円の小型車と軽でも、取得時点ではや相当なコストの違いが生じる。

大型車と軽とを比べれば、その負担軽減効果はさらに大きい。

「買い物など近所での利用なら、軽がいいという人が増えるのもわかるよね」

大吉は続ける。

「ディーラーも中高年が大型の高級車から軽1台、もしくは夫婦1台ずつの軽に乗り換えるケースは多いって言ってたよ」

もう一つの選択肢である環境に優しいハイブリッドカーの場合は「今が買い替えのチャンス」という。09年度から3年間は取得税や重量税が免除されている。

「200万円くらいのハイブリッドカーで、約16万円の税金がタダって魅力的じゃないか。しかもエコって印象いいし」

車両価格は軽よりはずっと高く、189万円からだ。だが、こちらはコストだけでなくその高いメッセージ性が価値になる。

「足腰が弱くなる世代だけに、できれば車は持ち続けたい。けれど高級感よりも何か付加価値がほしくなった」という大吉の言葉に冬美もうなずく。

帰宅した冬美は早速、車にどのくらいのコストがかかっているのかを改めて調べてみた。税負担だけで、11年間の保有で200万円を超えるという日本自動車工業会の試算を見つけた。目先のガソリン代ばかり気にしていたが、自動車税に車両保険、自賠責や任意保険……。駐車場代も含めれば、秋吉・冬美夫妻の車にかかわる支出はざっと年間60万円。それに車のローンが乗るのだ。

「ちょっとコレ見てくれる?」

冬美が車の経費などを表にまとめた一枚の紙をテーブルの上に置いた。

「ローンを含めればオレの年収の8分の1にもなるのか?」

秋吉は飲みかけた発泡酒の缶から口を離し、

「週末の遠出はレンタカーでもいいよな。カーシェアリングを導入するマンションや自治体もあるし。所有しない使い方を考えてみようか」

車好きの秋吉が、車を手放す選択肢を考え始めている。そのいつになく真剣なまなざしに、改めて経済環境の厳しさを感じる冬美だった。

# 会社員の副業、甘くない

定年のように、あらかじめわかっていることもあるが、リストラや給料カットなど家計への打撃は突然やってくる。備えあれば憂いなし、経済環境が悪化するなか、自己防衛策は欠かせない。

「痛っ！」

土曜日の朝、プラモデルやフィギュアの箱の山から、秋吉が急に悲鳴を上げた。梱包作業に夢中だった秋吉の足に、冬美がダイソンの掃除機ノズルをわざとぶつけたのだ。

「おかしいわね、狭い家なのにぜーんぜん見えなかったわ」

冬美の嫌みは相変わらず強烈。

「ごめん、今片づけるね」

秋吉は素直に退散する。

カネはココロの余裕も生み出す。不景気風は冷たく、小遣いが月3万円になったときは文字通り泣いた。だが今の秋吉は少し元気。〝副業〟に隠れた才能を発揮、始めてまだ3カ月だが、ガンダムのプラモデルやフィギュアのネット通販で月に6、7万円の小遣いが入るのだ。

「あなたも出品してみませんか」。3カ月前、インターネットのオークションサイトから出品を促すメールを受け取ったのがきっかけ。オークションを観察し、高値落札を引き出すうたい文句を研究すると同時に専門誌もチェック。書店にあふれるオークションのノウハウ本を読み込み、あっという間に相場観とコツをつかんだ。中古書販売で月商100万円の夫婦もいるという。

「先輩、なんか最近疲れてません?」

月曜日の昼休み、水筒の緑茶を飲んでいたら、部下の金田守が1杯400円近いスタバのコーヒー片手にやってきた。金田のやつ、小銭入れはルイ・ヴィトンだし、なにやら豪勢だ。

「いい小銭入れだな。独身はいいよな」

オークションが好調になるのはうれしいが、仕入れや梱包が忙しくなって睡眠時間が削られ、秋吉は機嫌が悪い。

「これ? 定価は3万2000円ほどだけど、ネットの通販で8掛けで買ったでしょ、でもそろそろ2万円くらいで売るつもり」

つまり、実質6000円くらいでヴィトンの小銭入れを満喫したようなもの。

「ブランドものは中古品も高く売れるからお得ですよ」

と事もなげにいう金田。

「おまえもネットで稼いでいるの？」

秋吉が声を潜める。

「オレは月に6、7万円だけどいい小遣いでさ」

と自慢する秋吉に、

「ウチは副業は原則禁止、会社の許可が必要ですよ。下手するとクビですよ、クビ。ま、僕のはお得な生活節約術だけど」と金田。

「たかが土日のネット通販で？」という秋吉に、金田が半ばあきれながら言う。

「所得が増えると住民税額が変わるから、会社にもわかるんですよ。年間20万円超えたら確定申告しないと」

金田はそんなことも知らないのかとまくし立てる。あーあ、給料カット時代のいい補填策だと思ったのに。その夜、発泡酒をあおりながら秋吉が冬美にこぼした。

「そうか、秋ちゃんも家計を心配してたんだ」

冬美が、意外な反応を示した。

「だったら私がパートに出るわ」

　元客室乗務員だった友人らが、オーガニック化粧品と海外の子供服のネット通販会社を始めたという。

「海外からの仕入れや注意書きの翻訳を頼まれていたの。諭が幼稚園に行っている間ならいいでしょ」

　確かに冬美は帰国子女だから語学は堪能だ。

　翌朝。

「副業はやめた。今なら所得も年間20万円未満だから会社に言わずに済むし。代わりに冬美が仕事するってさ」

　福沢家で考えれば、それもリスクヘッジ。すると金田が「103万円の壁、130万円の壁」とつぶやく。続けて、

「収入が増えた分必ずしも丸々お得ってわけじゃないのは、わかってますよね」

　年収103万円を超えると、冬美にも所得から103万円を引いた額に対して所得税が生じるようになる。月数万円の家族手当がなくなる会社もあるという。

「年収130万円を超えると」

　と、金田が続ける。社会保険の制度上、秋吉の被扶養者ではなくなって、冬美は健康保険料や年金保険料を自分で負担することになる。「控除から直接給付」

を掲げる民主党政権下で各種控除がどうなるかは不透明だが、単に世帯収入を増やせばその分生活に余裕が生まれるかというと、そうとも言えない現実がある。

「税金や制度の壁か」と秋吉。冬美のやる気に火が付いたら、起業とか個人事業主になるのもいいと思っていたんだけど……。そうだ、不動産投資のコンサルティングで起業した宝田先輩に、ちょっと聞いてみるか……。

# 会社員から起業の決断は

ネットオークションの収入も一定額を超えれば会社の規定に触れかねない。妻の冬美のパートも、税制上の壁がある。サラリーマンという立場は、安定しているようで実は制約も多いことを実感した福沢秋吉。ならば、すぐにとは言わないけれど、冬美の語学を生かし、将来は二人で会社をおこすことはできないだろうか。何となくそんな気持ちを抱いた秋吉は、大学のゼミの先輩、宝田《たからだ》実《みのる》にアポを取った。

「福沢秋吉くん、だよね？」

高級そうなスーツに身を包んだかっぷくの良い中年男が店員に案内されてやってきた。

「ごぶさたです、宝田先輩。わざわざお呼び立てしてすみません」

秋吉は緊張ぎみに立ち上がる。

「メール読ませてもらったよ。ゼミのＯＢ会以来だから5年ぶりだっけ。で、今日は何？」

　宝田は秋吉よりもひと回り年上だ。後輩たちの間で様々な伝説が語り継がれる有名人だ。バブル真っ盛りだった１９８８年、卒業と同時に外資系金融機関に就職。プライベートバンカーとして10年勤めた後、不動産投資をメーンにしたコンサルタント会社を立ち上げて独立した。

「メールにも少し書きましたけれど、脱サラのことで……。先輩も脱サラで成功されたわけだし、その秘訣をうかがいたくて」

「脱サラって、君。もうそれ死語でしょ」

　宝田はあきれた表情を作った。

「起業、だろ。会社を辞めて奥さんとネットを利用した事業で独立開業したいの？　いいんじゃない、それが本当にやりがいを感じられるのだったら」

　いきなりの核心に秋吉は言葉が詰まる。最近のうちの会社、業績悪化で社内の雰囲気あんまり良くないし。そこへきての給与カットで、このままサラリーマンを続けていくことへの漠然とした不安が高まっていた。そんな気持ちを宝田に見透かされたようで、秋吉は恥ずかしさを感じた。

「でも、起業って素人の僕でも大丈夫ですか？　貯金も少ないから開業資金をこれからためなきゃいけないし」

今すぐ会社を辞める気などなかったはずなのに、宝田と話していると、つい気がせいてしまう。

「起業したいなら、まず事業計画書を銀行や地元の信用金庫などに持っていき、融資可能かどうか相談してみたら。事業計画に必須なのは数値目標。例えば最低限クリアする3年後の売上高と利益の目標、それを実現するための資金計画や想定外の事態が起きた時のリスク管理をどうするかなど詳しければ詳しいほどいいね。認められたら無担保で1000万円くらいの資金を貸してもらえるさ、でもね……」

宝田は続けた。

「その段階でほとんどは挫折してしまうよ。銀行は事業が最低でも5年間は継続できるかどうか、融資した資金が返せるかどうかを判断するんだ。真剣に起業を目指していたオレの友人も何十行もの銀行に門前払いされてあきらめたんだ。

2006年施行の会社法って聞いたことある？　株式会社の設立時に必要だった最低資本金制度が撤廃されたことなど、この法律で会社をおこす際のハードルはかなり低くなったんだ。30万円も出せば事業のコンサルティングや助成金を受けられるかどうかまで考えてくれるところもあるさ。また、日本政策金融公庫という政府系金融機関のほか、自治体でも起業支援の融資制度も増えている。あと、

〝エンジェル〟もいるし」

　エンジェル？　神頼みか……？　疑問符がアタマに渦巻く秋吉に、宝田が説明する。エンジェル税制を利用した個人からの出資のこと。要するに、個人が起業まもない会社に出資すると、出資した人が支払う税金を少なくできる制度だ。最近、使い勝手が向上、要件を満たした企業に投資し、確定申告をすれば、応分の所得税や株式譲渡益課税を圧縮できる。例えば数百万円投資すると、数十万円程度節税できるイメージ。

「だから、福沢くんが言う『脱サラ』は最近増えてるさ。ところがだな、オレの知り合いの銀行マンによれば、事業を5年間継続できるのは5％にも満たないらしいぜ」

「えっ、じゃ95％は失敗してしまうんですか」

　秋吉の酔いは一気にさめてきた。宝田はさらにたたみ掛ける。

「会社を辞めた途端、福沢くんが会社で10年かかって積み上げた信用はゼロに戻ることも知っておいた方がいいね」

　信用ゼロ？　それはちょっと言い過ぎじゃないですか。秋吉は不満そうな表情を浮かべる。

「いやいや人間としての信用じゃなくて、社会的信用だよ。具体的にはクレジットカードを発行してもらえなくなる。住宅ローンだってまず無理。厳しいようだけど、君は大企業の傘から出る覚悟はあるように見えないけど」

しばらく沈黙が続いた後、宝田はそれまでの険しかった表情を和らげて言った。

「でも完全失業率が約5％程度で推移する厳しい昨今だ。正社員だってリストラされる時代さ。実際に会社を飛び出さないまでも、福沢くんのように独立起業の可能性を常に念頭において行動するのは、これからの全サラリーマンに大切なことだと、オレは思うな」

宝田はそう言った後、

「悪いな。次の会合があるから先に失礼するよ」と伝票を持って店を出た。後に残された秋吉は軽い放心状態になった。

# クレジットカードに見る信用問題

「あー、カネ下ろすの忘れてた」

ほろ酔い加減の福沢秋吉は財布の中身を確認してつぶやいた。福岡へ異動が決まった上司の送別会はもう終盤。秋吉は幹事役を務める部下、金田守にそっと近づいて言った。

「おい、ここの勘定、オレにまとめて払わせてくれない？」

「えっ、先輩もオレのまねしてクレジットカードでマイルため始めたんですか。ずるいなぁ」

聞こえよがしに驚いた声を出した金田にイラっとしつつ、秋吉は、

「たまたま現金がないんだよ、ホラっ」

と財布を広げて見せた。

「うわっ、すごい刺さってますね。いつの間にこんなにたくさん作ったんですか」

金田は秋吉の財布の中のクレジットカードの枚数を見て、今度は本当に驚いた。10枚は優に超えている。「おまえに言われてオレもいろいろ研究したさ。奥が深いね、この世界。これはガソリンが安くなるカード、これは家電を買った時のポイントが有利になるやつ、これは……」

秋吉はちょっと得意げに話し始めた。

「ヤバいっすよ、先輩の信用力かなり落ちちゃってますよ。今、住宅ローン借りようとしたら審査通らないかもね」

金田は深刻な表情で秋吉のクレジットカードの枚数を数える。

「12枚か」。何だよ、信用力って。大体、クレジットカードが作れるってこと自体、オレに信用があるってことだろ。最近もゴールドカードのお誘いDMが届いたくらいだし。

「いいすか、先輩」

金田は秋吉を諭す表情になった。

「カード1枚のキャッシング枠は50万円くらいでしょ。12枚合計でざっと600万円。使ってなくても先輩はこれだけの借金をしていると銀行にみなされる可能性がありますよ。住宅ローンを借りる時、最大限度額からその分は差し引かれる場合もあるでしょうね」

借りてもいないのに借りてる？　秋吉は戸惑う。

「それから、クレジットカード発行を申請してから半年以内に別のカードを申請すると、お金に困っている要注意人物とみられちゃうこともあります」

えっ、オレはこの2カ月で10枚も作ったぞ。確かに使う予定もないのに興味半分で作ったカードも多いけど、それで要注意人物？　秋吉は酔いがさめてきた。

「カード社会の米国ではクレジット・ビューローと呼ぶ個人信用情報機関が一人ひとりのクレジットスコアや履歴を管理していて、それが660点以下だと就職で不利になるし、住宅ローンはおろか家も借りられないくらいなんですよ」

金田はさらに冗舌になる。

「日本でも個人信用情報を一元管理しようとする動きがあるんです。米国のように個人ごとの信用力に点数がつく時代が間近に迫っていることは頭に入れておいた方がいいっすよ、先輩」

反論の余地もなく、秋吉は黙り込んだ。なんだか悪酔いしそうだ。

「秋ちゃーん、いいワンピースがあったから買っちゃった。ごめんね」

翌朝、ご機嫌の様子の冬美が二日酔いの秋吉に飛びついた。まあいいけど、でもそんなお金どこにあったの？

「百貨店のクレジットカード作ったのよ。これで支払うと8％分のお買い物券が還元されるからかなりお得なの」。冬美の言葉に昨日の金田から聞いた話の記憶がよみがえってきた。えっ、冬美は専業主婦だろ。そんなに簡単にクレジットカードが作れるのか。

「秋ちゃんの会社とおおよその年収を申請したら簡単に発行してくれたよ。無駄遣いしないから大丈夫」

冬美は続けた。

「あ、でも今度から主婦にはキャッシング枠はつけてくれなくなったらしいよ。改正貸金業法ってのが始まって、無収入の主婦や学生の借り入れは制限されるんだって」

そういえば最近、地下鉄に乗れば「多重債務を解決します」っていう弁護士事務所のつり広告が目立つと思っていた。やっぱり簡単にお金が借りられたり、持ち合わせもないのにモノが買えたりすると自分の返済能力以上に使ってしまう人が多いってことか。

「ま、キャッシング機能は使ってないからいいけど、ショッピングさえできればば」

と冬美。ちょっと待てよ。いずれにしても家計が逼迫《ひっぱく》することには変わりない、じゃないか。

# ボーナス攻防戦、僅差の金利見比べて

ブーッブーッブーッ。秋吉が着信したばかりの携帯メールを開くと「ボーナスはケータイへ」の文字。多加良《たから》ネット銀行からのお知らせメールだ。

「はっ、ボーナス？　こんなスズメの涙じゃ、どうしようもない」

去年だって少なかったのに、今年は去年のさらに2割減。ちょっと家族旅行でもすれば消えてしまう金額だ。仕事は増えているのに、やれやれ……。

「あ、先輩も多加良ネットっすか？　この3年定期、気になりますよね」

と金田がのぞき込んできた。

「3年？　オレは1年見てたよ。気楽な独り者と違って、諭の小学校の寄付金で右から左だしな」

こいつにはなぜか嫌みをぶつけたくなる。

「3年は確かにリスクありますけど、3年以上になると半年複利っすよ」

嫌みをものともせず、金田が続ける。確かに、1年は単利で、3年が複利とあ

る。複利の方が得だというのはわかるけど、

「この低金利で、利子なんて微々たるモノだろ?」

秋吉がつまらなそうに言うと、

「チッチッチ、先輩、本当に変わらないと思ってるんすか?」

チッチッチだと?

「わかりやすくボーナスの100万円を3年、年利回り2%で預けたとして」

言いながら金田が電卓を取り出す。単利というのは、元金に対してだけ利息がつく。利息は毎年1年に2万円、3年で6万円。税引き後に手元に残る利息は4万8000円だ。次に、半年複利なら1年間に2回、元金と利息を合わせたものに利息がつく。年利回り2%の場合、半年で半分の1%の利息がつく。つまりは1万円。次の半年は101万円に1%の利息がつく。3年たつと利息は合計6万1520円、税引き後は4万9216円だ。

「たった1200円の差か」秋吉が拍子抜けしたように言う。

「あ、1200円をバカにするんすか? 僕の弁当代だったら立派に5日分っすよ」

と金田。

「まっ、確かに僕と飲みに行って、10円単位まできっちり割り勘するってほうが、

実入りはいいっすよね」

　コイツ、嫌みのお返しに〝暴利〟がついていやがる。

「でも先輩、我々を取り巻く金利をよーく考えてみると、つまらない自己満足で本来得られる利益をフイにしていることが多いっすよ」

　話の矛先を変えた金田。

「最近は家電量販店なんかでよく、分割払いでも即金買いと同価格、しかも手数料、金利負担なしという広告を見かけますよね。あれ、どう思います?」

　しばし思案し、秋吉は、

「買う商品の値段にもよるけど、30万円程度までなら即金で買うなあ」

と答える。

「分割払いって、借金が残っているようで気持ちが悪くて」

　すかさず金田は「見えっ張りだなあ、やっぱり」。

「はあ?　見えっ張りだと?」

　人をどこまでおちょくるつもりだ。

「だって先輩、例えば12万円のパソコンを買う予定があって、PCショップが手数料なし、実質年利0%12回払いというキャンペーンをやっていたとしても、ボーナス支給を待って一括購入するんでしょ」

「はいはい、そうですよ」

　秋吉はぶっきらぼうに答える。

「まあそう怒らないで、聞いてくださいよ」と金田。

「この場合、先輩は分割払いにしても持ち出しはなし。１００万円もらったボーナスを温存し、月々の給料から1万円を粛々と払えば、1年後にはジ・エンドです」

「そりゃ、そうだが」

「で、温存した１００万円のボーナスを、例えば年1％の定期預金にしたら1年単利でも利息は1万円。パソコンを即金で買った残り88万円なら、利息は８８００円で１２００円少なくなる。１口１００万円からという社債なら88万円では買えないし」

　と金田。すっきりしたいなどという自己満足が利息収入を減らし、投資機会を奪うというのが金田の理屈だ。

「資産形成の始まりはいつも、うっかりすると枯れてしまう小さな新芽なんす。苗として根付かせるにはこまめな世話が必要ってわけ。さて多加良ネット銀の定期、申し込もうっと」

　つい金田の言葉につり込まれてうなずく秋吉。その拍子に携帯のボタンを押す金田の手元が見えた。

「ええっ、３００万円⁉」声を上げた秋吉に、

「株で小金が入ったもんで。ほら、３００万円以上だとさらに利率が０・１％上乗せだし」

つくづく打ちのめされる秋吉だった。

# 夫から妻への感謝、20年目の名義書き換え

「あら、夏子来てるの？」「私もおじゃましてまーす」

同窓会から帰ってきた春子が、玄関に並ぶ靴を見て声をかけると、居間から百子の声が聞こえた。これは渡りに船。一緒に聞いてもらおう。

春子がスーツも着替えずに話し始めた。

「仲良しだった紀子も真智子も、家の名義を夫婦共有に変えてもらったんですって」

「うちはオレが建てたからオレの家なんだろう？　どうせ将来は春子のものじゃないか」

大吉がけげんな顔をする。

「ほら今、オレの家って言った。紀子も真智子も専業主婦ですよ」

春子がピシャリと言う。

「去年の紀子の誕生日にね、ご主人が自宅を共同名義にした登記簿謄本を見せて

くれたそうよ」

「春子さん、少し落ち着いて」

百子が話を引き取った。

「ご主人名義だった自宅や土地の一部を、紀子さんの持ち分としてご主人が贈与してくれたということですね」

夫婦間で、贈与？　何を水くさいことを、と言いたげに大吉がまゆをひそめる。

百子は意に介さずに続ける。

「20年以上連れ添ったご夫婦の場合、住まいのための不動産なら2110万円まで配偶者に無税で贈与できるんですよ。お友達の方はその制度を使ったのでしょう」

夫婦間の居住用不動産の贈与というのか。

「生活は何も変わらないけれど、長年の内助の功への感謝の気持ちよ。それに相続の時だって、名義は大切よ」

と夏子。

「この母にして、この娘ありだ」

大吉はぼそっとつぶやく。贈与というからには、オレが贈ろうと思って成立するはず。なのにこの母娘ときたら、当然の権利と言わんばかりだ。

「夏子は何の用？」、春子が思い出したように言う。

「今すぐじゃないけど、私も住まいのことで……」

夏子は夫や友人と新たに始めた手作り服の販売が、そこそこ軌道に乗ってきた。今住んでいる賃貸アパートでは在庫の洋服を置くのも一苦労。最近は、新聞にたくさんの新築や中古のマンション販売チラシが挟まっている。近所には大幅値引きしたアウトレットマンションもあるようだ。

「数年かけて家を検討したいけれど、まとまったおカネがなくて」

夏子が大吉をそっと見る。

「住宅ローンを組むならやはり頭金が多いと後々楽でしょう。景気低迷期の今なら住宅ローン減税も手厚いし」

と、百子が助け舟を出す。

「それに2500万円までは贈与税の課税を相続時まで繰り延べる『相続時精算課税制度』って仕組みもあります。65歳以上の親からもらう場合に使えますが、住宅取得資金なら65歳未満も可。父母合算なら最大5000万円です。後で相続が発生した時に相続税納付が必要な資産家以外は、トータルで納税額を圧縮することができるんです」

暦年贈与なら、無税で贈れるのは年間110万円まで。

「2500万円を一度に贈与するとしたら」

と百子が携帯電話を取り出し、電卓機能でキーを押す。

「贈与税は970万円もかかります」

確かに2世代で考えれば、おカネを効率よく使う手かもしれない。夏子はいずれ自分がもらうものを、前倒ししてもらって活用するだけだと思っているようだ。でも……。

「将来の生活が、不安なんだよ」と大吉。

春子も近所のおばあさんの話を始めた。娘夫婦と同居するために土地の名義を娘に変え、家の改築費用も出した。だが、

「その矢先、娘さんが先立ってしまったの。土地はお婿さんとお孫さんのものになって、おばあさんは居づらそうでそれは気の毒だったわ」

夏子も目を丸くする。

「うなるほどカネがあれば別だが、庶民には贈与も簡単じゃないよ」と大吉。

「でも支援はしてやりたいんだよ。数年後、仙台にある倉庫を、その制度で譲るのはどうだろう。ある会社に一括で貸しているから、毎月定期収入があるんだ」

その建物を相続時精算課税制度で夏子に贈与し、毎月の賃料を住宅ローンの繰り上げ返済に充てたら、という提案だ。

「お父さん、ありがとう」

深々と下げた夏子の頭上の向こうから、春子の低い声が飛んだ。

「で、私の方はどうしてくれるわけですか」

# 高度成長を経て縮む経済の老後は？

「あれ、このウルトラマン、どうしてヒゲとしっぽがあるの？」

「それはね、昔秋吉パパにたたかれた仕返しに、夏子おねえちゃんが描いちゃったからだよ～」

大掃除のはずが、屋根裏では諭と夏子の宝探し大会になっている。身の回りを整理しようと、大吉はパーティーをエサに、秋吉、夏子一家を大掃除に駆り出したのだ。

「ねえ、こんなものも出てきたの」

ケーキを切り分けた後、春子が取り出したのは、すっかり茶色く変色した家計簿。

「わあ、1974年ってパパとママが結婚した年よね？」

夏子がのぞき込む。

お米10キロ2100円、後楽園球場（内野席）250円2枚、たばこ（ピース）1箱50円、自転車3万円、上野動物園入場券大人2枚200円……。一つひとつ、ボールペンで丁寧に書き込まれた数字に、新婚の大吉夫妻の歩みがにじむ。
「へえ、自転車が3万円？　当時の大卒初任給の半分弱ってところ？」

「だから社宅の奥さんたちの手前、そっと乗ったものよ」

みなが興味津々でページをめくる。

「この『ハルコ10〒』ってなに？」

それは春子のへそくりの暗号。

「へそくり10万円を郵便局の定額貯金にしたの。当時は貯金利率が8・0％で、10年預けて税引き前で21万9112円になったのよ」

秋吉や夏子が生まれると、すぐに母親の千代が学資保険に入るように勧めてくれたおかげで高校や大学の入学時には助かったっけ。社宅を振り出しに、マンション、そして郊外の一戸建てに。給料も上がったが、それをしのぐ地価の高騰に乗って、辛くも住宅すごろくを逃げ切った。

「右肩上がりの経済だと思えば、カネも使えるよな」

と秋吉。

「今は給料は横ばい、金利はほぼゼロ、モノは時間がたつほど安くなるだろ。所有がリスクだもん」

「本当ね。新築マンションはたった1年で下がるし、諭の学資保険はほとんど増えないし」

冬美もため息をつく。

なるほど、ローンを組む時に、「払えなくなるかも」「職を失うかも」といった心配は、当時は無縁だった。

「今の若い人は、いつリストラ対象にされるかわかったもんじゃないし、大変だよな」

と、同情する大吉。ただ、自分たちの世代でもまったく不安がないわけではない。

「年金は誤算だったな……」

しみじみ独りごちる。半世紀前は約42人で一人を支えていたが、今は2・74人で一人を支える年金制度では、この先どのような変更があるやもしれぬ。

「インフレなんて感覚、わからないもんな」

と秋吉。確かにいくら景気循環があっても、人口減が進む中では高度経済成長の夢よもう一度、とはいくまい。

「今度はおまえたちが新しい経済モデルを作る番だよ」

と大吉。人口減が問題なら、日本に魅力があるうちに移民の受け入れや、アジア経済圏としての結束を強めるモデルの想定も必要かもしれない。ただ、慎重な判断が必要だ。単純労働の担い手として安易に移民に門戸を開き、2025年までに500万人を受け入れると、かえって産業構造の転換にブレーキをかけ、マクロ経済を想定よりも0・87ポイント下押ししてしまうという研究結果もある。「でも、高度技能を身につけた若年層を受け入れれば、0・06ポイント押し上げるそうだ」

と大吉。もちろん移民の前に女性や高齢者の労働を促すという手もある。

「ひとごとじゃないな。問題解決能力を試されているのは、僕たち自身なんだよね」

ウルトラマンで遊ぶ諭を見ながら、秋吉は背筋を伸ばす。

翌朝、大吉は朝食の席で改まって春子に向き合った。

「春子、年金の知らせが来た時のこと、覚えてるか?」

「ええ、豪華客船で世界一周ってやつよね」

一呼吸置いて大吉が切り出した。

「あれ、やっぱり行くからな」

何か言おうとする春子を遮って大吉が続ける。

「でも、最高2500万円もする豪華客船は取り下げ。二世帯住宅への建て替え用の1500万円のうち500万円で、ペルーのマチュピチュやエジプトに格安旅行だ。……なら、いいよな？」

威勢がいいんだか悪いんだか。

「私はオーロラが見たいわ。おカネも少しは運用してきたし、2年に1度くらいの海外旅行ならいいか」

と春子も大吉を立ててやる。「6割経済」の下で修正した身の丈の夢。デフレに負けず、年齢に負けず、まだまだこれからだ。

# あとがき

最近よく耳にする「異説」があります。「使い道を間違えなければ増税は経済にマイナスとは限らない」という説です。消費増税を視野に入れる菅直人首相の主張です。

この説は一見、正しいようにも思えます。国民は年金や医療など将来に不安を抱えているため財布のひもを締めており、増税で福祉の財源をきちんと確保できれば不安がやわらぐ可能性があるからです。

しかし、この論には大きな欠陥があります。使い道を誤らないという論の前提を国民が信じていないからです。増税してもお金が福祉などにきちんと使われないのではないか。ばらまきに回るだけではないか。国民は疑っています。この論が正しいのは国民が国を信用している場合だけです。日本の悲しい現実です。

不安と不信の国、ニッポン。国も当てにはできません。高齢化が急速に進むこの国で一人ひとりはどうすればいいのでしょうか。

『定年ですよ』の主人公、福沢大吉（59）は自動車大手の世界自動車に勤めること30数年。課長まで務め、都内に一戸建てのマイホームを持つサラリーマン。その大吉がいよいよ定年を迎えようとしています。

退職金は3000万円。「世界一周旅行ぐらいできるだろう」と思っていたが、定年を前にとんでもない現実を突きつけられます。「このままでは破産しますよ」。破産？　なぜおれが？　ドラマはこうして幕を開けます。

資産家とはいえないまでも大手企業を勤め上げたサラリーマン。定年後に不安がないわけではなかったが、なんとかなるはずではなかったのか。妻との生活費はいくらかかるのか。年金はいくらもらえるのか。退職金はどういう方法で受け取るのがいいのか。大吉を先頭に福沢家は必死の勉強を始めます。追い討ちをかけるように母親の介護問題が急浮上……。難問が次々と立ちはだかります。

お金の話は、一人ひとりの生活の話にまで解きほぐさないと本当のことは理解できません。定年後にいくらお金が必要か。本当は正座をして読まないといけない話ですが、厳しい現実とはなかなか向き合えないものです。そこで福沢家を舞台にしたお金をめぐる騒動を追いながら、年金や医療、介護などの仕組みや知られざるポイントを分かるようにしたのが本書です。定年を迎えたら健康保険はどうなるのか。熟年離婚というが、離婚をすれば年金はどうなるのか。知っていれば選択の道は増えていきます。

団塊の世代の大吉は安定した老後を迎えることができるのでしょうか。団塊の世代だけではありません。ドラマは次第に団塊ジュニアら若手の物語へと広がっていきます。

『定年ですよ』は日本経済新聞社が発行する週刊投資金融情報紙「日経ヴェリタス」に2008年3月の創刊号から09年末まで連載した記事をベースに、その後の制度変更や環境・情勢の変化などを踏まえて加筆・修正しました。ヴェリタスとはラテン語で「真理」の意味です。『定年ですよ』でマネーライフの「真理」をつかんでください。

2010年6月

日本経済新聞社　日経ヴェリタス編集長　山崎宏

# 取材協力

〈五十音順。肩書等は「日経ヴェリタス」掲載当時〉

生田ひろみ（デロイトタックスLLP　パートナー、米国公認会計士）
石橋航太郎（オークファン取締役）
井戸美枝（社会保険労務士、ファイナンシャルプランナー）
岩田昭男（消費生活評論家）
太田差惠子（NPO法人離れて暮らす親のケアを考える会パオッコ代表）
紀平正幸（ファイナンシャルプランナー）
木村治生（ベネッセ教育研究開発センター）
桑名高志（伸芽会教育研究所所長）
経済産業省新規産業室
小池正明（税理士）
後藤弘典（東京ファイナンシャルプランナーズFP）
小林真一（東京青山・青木・狛法律事務所、税理士）
佐藤敦（佐藤敦社会保険労務士事務所）
柴原一（柴原一税理士事務所）
渋谷康雄（渋谷社会保険労務士事務所）
東海林正昭（社会保険労務士）
白河桃子（少子化ジャーナリスト）
ダイハツ工業
竹林正隆（デベロップデザイン代表取締役）
田中耕治（税理士）
田村明孝（タムラプランニング&オペレーティング社長）
東京金融取引所
内藤琢磨（野村総合研究所経営コンサルティング部）
中村健二（税理士、ファイナンシャルプランナー）
名取敏（JMAMチェンジコンサルティング常務）
縄田屋一成（税理士）
西田恭子（三井のリフォーム住生活研究所長）
日本自動車工業会
日本生命保険　ライフプラザ丸の内
灰谷健司（三菱UFJ信託銀行　財務コンサルタント）

秦穣治（NPO法人401k教育協会専務理事）
畠中雅子（ファイナンシャルプランナー）
パートナーエージェント
福田浩彦（福田税理士事務所）
藤川太（生活デザイン社長、ファイナンシャルプランナー）
古川るり（オリックス　ファイナンシャルプランナー）
本田桂子（NPO法人遺言相続サポートセンター理事長、社会保険労務士）
前川佳輝（野村総合研究所金融コンサルティング部）
前田幸作（税理士法人トーマツ　シニアマネジャー、米国公認会計士）
牧野弘直（GET4U社長）
マッチ・ドットコムジャパン
三菱総合研究所
八ツ井慶子（ファイナンシャルプランナー）
山崎俊輔（企業年金連合会調査役）
山田静江（ファイナンシャルプランナー）
吉野充巨（ファイナンシャルプランナー）

## 参考資料


生田ひろみ、大橋加代子、板橋靖久、前田幸作著『日米社会保障協定であなたももらえる!! アメリカの年金・第2版』中央経済社
生田ひろみ、大橋加代子、前田幸作著『アメリカの年金手続ガイド　申請の仕方・記入例』中央経済社
加藤仁著『定年後の8万時間に挑む』文春新書
太田差惠子著『老親介護とお金』アスキー新書
吹田朝子、高田晶子、豊田眞弓著『「住宅ローン」賢い人はこう借りる！』PHP研究所
中原圭介著『こころ豊かに生きるお金の入門塾』主婦と生活社
藤川太著『サラリーマンは2度破産する』朝日新書
山田昌弘、白河桃子著『「婚活」時代』ディスカヴァー・トゥエンティワン
リクルート「ゼクシィ結婚トレンド調査2007」

構成：日本経済新聞社
清水桂子　山本由里
本文イラスト：唐仁原教久
本文デザイン：川谷デザイン

本書は、「日経ヴェリタス」に二〇〇八年三月から〇九年一二月まで連載したものを、加筆・修正してまとめたオリジナル文庫で、データは二〇一〇年六月時点のものです。

「日経ヴェリタス」ホームページ　http://veritas.nikkei.co.jp/

S 集英社文庫

定年《ていねん》ですよ　退職前《たいしょくまえ》に読《よ》んでおきたいマネー教本《きょうほん》

2010年7月25日　第1刷
2018年2月19日　第13刷
定価はカバーに表示してあります。

著　者　日経《にっけい》ヴェリタス編集部《へんしゅうぶ》
発行者　村田登志江
発行所　株式会社　集英社
東京都千代田区一ツ橋2-5-10　〒101-8050
電話　【編集部】03-3230-6095
【読者係】03-3230-6080
【販売部】03-3230-6393（書店専用）

印　刷　大日本印刷株式会社
製　本　ナショナル製本協同組合

フォーマットデザイン　アリヤマデザインストア　マークデザイン　居山浩二


ISBN978-4-08-746585-3 C0195